Langenscheidt

Basiswortschatz Niederländisch

Ein nach Sachgebieten geordnetes
Lernwörterbuch mit Satzbeispielen

von

Wim Waumans

und

Gerrit J. ten Bloemendal

Langenscheidt

Berlin · München · Wien · Zürich · New York

Herausgegeben von der Langenscheidt-Redaktion

Druck: Druckhaus Langenscheidt, Berlin
Printed in Germany
ISBN 3-468-20358-6

3. 4. 5. 6. 7. 8. * 09 08 07 06 05 04

INHALT

Einführung

Um gute Kenntnisse einer Fremdsprache zu erwerben, beginnen Sie am besten mit der Aneignung eines soliden Wortschatzes, den Sie dann nach und nach erweitern können. Diese Tatsache spiegelt sich in den Lehrplänen und modernen Lehrwerken wider. Langenscheidts Basiswortschatz Niederländisch enthält ca. 2000 Bedeutungen und ist somit hervorragend geeignet, sich diesen Grundbestand an Wortschatz zu erarbeiten. Er ist nach folgenden Prinzipien aufgebaut:

- Anordnung der Wörter nach Themenbereichen und Fachgebieten
- für jedes Wort mindestens ein möglichst lebensnahes Anwendungsbeispiel mit deutscher Übersetzung
- keine Orientierung an bestimmten Lehrwerken oder Altersgruppen, weder zu kindlich noch zu „abgehoben“
- geeignet für alle Lernenden, die sich in der Schule oder autodidaktisch Niederländisch aneignen wollen oder für Beruf oder Urlaub brauchen.

Aufbau des Basiswortschatzes

Das Grundprinzip der Benutzerfreundlichkeit wurde im neuen Basiswortschatz Niederländisch weiterentwickelt, verbessert und ergänzt.

Die Wortschatzauswahl wurde nach Kriterien wie Häufigkeit, Aktualität und Gebrauchswert getroffen. Die Satzbeispiele sind mit dem Ziel gestaltet, die Bedeutung auch ohne Hilfe der deutschen Übersetzung möglichst eindeutig zu vermitteln, die Wörter in typischen Zusammenhängen (Kollokationen) zu präsentieren, den jeweiligen Themenbereichen gerecht zu werden und die Benutzer zu interessieren und zur Weiterarbeit zu motivieren.

Innerhalb eines Kapitels sind die Stichwörter nicht alphabetisch, sondern nach inhaltlichen Gesichtspunkten angeordnet.

Ebenfalls ganz neu ist eine Reihe von Lernhilfen, die den besonderen Schwierigkeiten Deutscher, die Niederländisch lernen, Rechnung trägt. So wird zum Beispiel auf grammatische Besonderheiten und typische Fehler hingewiesen. Durch das Info-Zeichen hervorgehobene Hinweise geben zusätzliche Informationen zur Aussprache, Schreibung, zum richtigen Gebrauch, zur Unterscheidung von leicht verwechselbaren Wörtern, zu wichtigen landeskundlichen Fakten sowie zur Wortbildung.

Zusätzliche Informationen

Zu jedem Wort des Basiswortschatzes wurden, wo es sinnvoll und angebracht erscheint, außer der Aussprache einige zusätzliche grammatische Informationen aufgenommen, die für den Lernenden nützlich oder interessant sein dürften. Beim Substantiv sind dies das Geschlecht und – sofern vorhanden und gebräuchlich – die Mehrzahl- und Diminutivendungen, beim Adjektiv wurden die gebeugte und – sofern üblich – die Steigerungsformen hinzugefügt. Außerdem wurden Adjektive, die auch als Adverb benutzt werden können, als solche gekennzeichnet. Schließlich wurden in einigen Fällen auch Synonyme (Wörter mit gleicher oder sehr ähnlicher Bedeutung) angegeben, die zur Erweiterung des aktiven Wortschatzes beitragen könnten.

Problem des Geschlechtes

Im Niederländischen gibt es nur *zwei* bestimmte Artikel: **de** und **het**. „het"-Wörter sind immer sächlich (n), während „de"-Wörter entweder männlich (m) oder weiblich (f) sein können. Abgesehen von wenigen Ausnahmen entspricht das Geschlecht im Wesentlichen dem Genus im Deutschen. Ein Problem liegt allerdings im Sprachgefühl: Während die Südniederländer und Flamen noch ein recht sicheres Sprachgefühl haben, was das grammatische Geschlecht eines Substantivs betrifft, ist dieses Gefühl in den nördlichen Niederlanden so gut wie verschwunden. Außer für weibliche Personenbezeichnungen gibt es unter Nordniederländern eine immer stärkere Tendenz, alle weiblichen Wörter zu „vermännlichen" und statt des ursprünglichen (und richtigen) weiblichen Pronomens das männliche zu verwenden. So ist für Südniederländer und Flamen „de broek" (Hose) beispielsweise eindeutig (und historisch korrekt) weiblich, während Nordniederländer sie als männlich einstufen. Dieser Umstand wurde berücksichtigt: „De"-Wörter, die in der Liste entweder mit „m" oder mit „f" gekennzeichnet sind, sind eindeutig (und nur) männlich (m) bzw. weiblich (f), und zwar sowohl in den Niederlanden als auch in Flandern, während „de"-Wörter, die in der Liste mit „f/m" gekennzeichnet sind, historisch gesehen zwar weiblich sind, in den nördlichen Niederlanden aber als männlich betrachtet werden.

Darstellung der gebeugten Formen

In allen Fällen, in denen das Grundwort unverändert bleibt und die Endung angehängt wird, wurde diese in verkürzter Form wiedergegeben. Sobald aber das Grundwort durch die Beugung verändert wird, wurde die gebeugte Form ausgeschrieben. Die Angabe „(-en, -je)" bei „land" beispielsweise bedeutet, dass die Pluralform „landen" und die Diminutivform „landje" heißt, während „(steden, -je) bei „de stad" darauf hinweist, dass die Mehrzahl unregelmäßig ist.

Das Lernen mit dem Basiswortschatz

Eine angemessene Lerntechnik ist die Voraussetzung für den Lernerfolg. Wir möchten Ihnen dazu einige Anregungen geben:

1. Nutzen Sie den Vorteil der Gliederung nach Sachgebieten und arbeiten Sie nicht Seiten, sondern Sachgebiete durch. Zwischen den Wörtern eines Sachgebietes bestehen Assoziationen. Die Sachgebiete spiegeln inhaltliche Zusammenhänge wider. Auch die Sachgebietsbezeichnungen sind bereits Merkhilfen. Es ist experimentell erwiesen, dass Wortschatz, der thematisch zusammenhängend erlernt wird, besser behalten wird.
2. Wenn Sie *einzelne* Sachgebiete durcharbeiten, fangen Sie vielleicht zuerst mit denen an, die Sie besonders interessieren, und wenden Sie sich anschließend den anderen zu. Vergessen Sie aber nicht, sich nach und nach *alle* Sachgebiete anzueignen.
3. Wir empfehlen Ihnen, den Ablauf des Lernvorgangs zu systematisieren und portionsweise zu lernen. Lesen Sie ein Kästchen (fett gedrucktes Stichwort und Anwendungsbeispiel) und prägen Sie sich die Wortgleichung ein. Gehen Sie mehrere Kästchen auf diese Weise durch und decken Sie dann von diesem „Block" die linke Spalte ab. Sprechen Sie sich nun das verdeckte Stichwort laut vor – wenn Sie wollen, auch das Anwendungsbeispiel. Dann kontrollieren Sie durch Aufdecken der linken Spalte. Wörter, die Sie noch nicht beherrschen, können Sie am Rand kennzeichnen – vielleicht durch ein Kreuzchen – und nochmals gesondert lernen. Abschließend nochmalige Kontrolle (Sprechen und Schreiben) des ganzen „Blocks".
4. Lernvarianten: Sie können die rechte (statt linke) Spalte abdecken und entsprechend wie unter 3 beschrieben arbeiten. Sie können auch nur die Anwendungsbeispiele lernen, um vom Zusammenhang her die Bedeutung eines Wortes im Gedächtnis zu fixieren oder den Grundwortschaft „umzuwälzen".
5. Über ein einzelnes Wort, das Sie im alphabetischen Register nachschlagen, können Sie auch zu einem bestimmten Sachgebiet kommen und so in einem sinnvollen Zusammenhang lernen.
6. Es empfiehlt sich, täglich (mit Pausen!) ein bestimmtes Pensum zu lernen. In einigen Wochen beherrschen Sie dann einen systematisch aufgebauten Basiswortschatz – den Wortschatz, auf den es ankommt. Diesen sollten Sie in gewissen zeitlichen Abständen wiederholen und überprüfen.

7. „Langenscheidts Basiswortschatz Niederländisch“ ist lehrbuchunabhängig. Trotzdem eignet er sich auch zur Aktivierung, Wiederholung und Systematisierung des Wortschatzes im Unterricht, z. B.
   - zur Bereitstellung des entsprechenden Wortschatzes vor kommunikativen Übungen oder der Durchnahme bestimmter Texte;
   - zur Wortfeldarbeit nach der Durcharbeitung eines bestimmten Textes, der wesentliche Teile dieses Wortfeldes enthielt;
   - zur Erschließung und zum Aufbau eines Sachgebiets vom Einzelwort aus (über das Register).

Wir wünschen Ihnen bei der Arbeit mit diesem Wortschatz viel Spaß und Erfolg!

KÖRPER UND WESEN

het lichaam [l'ɪχam] *n (lichamen, -pje)* — **der Körper**

Om je **lichaam** in vorm te houden, kan/kun je best veel aan sport doen. — Um den Körper in Form zu halten, kann man am besten viel Sport treiben.

„**Je**" hat im Niederländischen viele Bedeutungen. In der Regel bedeutet es „du" (auch: „jij"), „dich" oder „dir" (auch: „jou" oder „dein" (auch: „jouw"). Darüber hinaus wird es aber auch oft verwendet, um allgemein gültige Aussagen zu treffen, für die man im Deutschen „man" sagen würde.

het hoofd [hoft] *n (-en, -je)* — **der Kopf**

Baby's hebben altijd een groot **hoofd**. — Babys haben immer einen großen Kopf.

het gezicht [ɣəz'ɪχt] *n (-en, -je) Syn.:* het gelaat — **das Gesicht**

Ze heeft eigenlijk wel een knap **gezicht**. — Sie hat eigentlich ein hübsches Gesicht.

het haar [har] *n (haren, -tje)* — **das Haar**

Mijn **haar** is te lang. Ik moet maar weer eens naar de kapper! — Meine Haare sind zu lang. Ich muss mal wieder zum Frisör gehen!

de huid [hœyt] *f/m (o. Pl., -je)* — **die Haut**

Die crème verdraag ik niet. Ik heb een erg gevoelige **huid**. — Diese Creme vertrage ich nicht. Ich habe eine ziemlich empfindliche Haut.

de neus [nøs] *m (neuzen, -je)* — **die Nase**

Ik ruik niets. Mijn **neus** is verstopt. — Ich rieche nichts. Meine Nase ist verstopft.

het oog [oχ] *n (ogen, -je)* — **das Auge**

Kan/Kun jij dat lezen? Je hebt betere **ogen** dan ik. — Kannst du das lesen? Du hast bessere Augen als ich.

het oor [or] *n (oren, -tje)* — **das Ohr**

Zijn vader heeft net zo grote **oren** als hij. — Sein Vater hat genauso große Ohren wie er.

de mond [mɔnt] *m (-en, -je)* — **der Mund**

Hij stak een hele reep chocolade in zijn **mond**. — Er steckte sich eine ganze Tafel Schokolade in den Mund.

de tand [tɑnt] *m (-en, -je)* — **der Zahn**
Mijn **tand** is afgebroken, ik moet naar de tandarts. — Mein Zahn ist abgebrochen, ich muss zum Zahnarzt.

de tong [tɔŋ] *f/m (-en, -etje)* — **die Zunge**
Het eten is veel te heet. Ik heb mijn **tong** verbrand. — Das Essen ist viel zu heiß. Ich habe mir die Zunge verbrannt.

de hals [hɑls] *m (halzen, -je)* — **der Hals**
Giraffen hebben een heel erg lange **hals**. — Giraffen haben einen sehr langen Hals.

ⓘ Während die Deutschen bei einer Erkältung „starke Halsschmerzen" haben, beschwert man sich im Niederländischen über „sterke **keel**pijn". Das ist im Grunde genommen auch logisch und richtig, denn nicht der Hals schmerzt, sondern die Kehle.

de nek [nɛk] *m (-ken, -je)* — **der Nacken, das Genick**
Ik heb gisteren in de tocht gezeten. Nu heb ik een stijve **nek**. — Ich habe gestern im Zug gesessen. Jetzt habe ich einen steifen Nacken.

de borst [bɔrst] *f/m (-en, -je)* — **die Brust**
Ik kan moeilijk ademen. Ik heb pijn in mijn **borst**. — Ich kann schwer atmen. Ich habe Schmerzen in der Brust.

de rug [rʏχ] *m (-gen, -getje/-je)* — **der Rücken**
Er waren te veel mensen in het zwembad. Je kon er niet op je **rug** zwemmen. — Es waren zu viele Leute im Schwimmbad. Man konnte da nicht rückenschwimmen.

de arm [ɑrm] *m (-en, -pje)* — **der Arm**
Hij heeft bij het skiën zijn **arm** gebroken. — Er hat sich beim Skifahren den Arm gebrochen.

de hand [hɑnt] *f/m (-en, -je)* — **die Hand**
Beleefde mensen geven elkaar de **hand** als ze elkaar ontmoeten. — Höfliche Leute geben sich die Hand, wenn sie sich treffen.

de vinger [v'ɪŋər] *m (-s, -tje)* — **der Finger**
Kan/Kun jij op je **vingers** fluiten? — Kannst du auf den Fingern pfeifen?

het been [ben] *n (benen, -tje)* — **das Bein**
Ik ben enorm moe. Ik ben al sinds half vier vanmorgen op de **been**. — Ich bin unheimlich müde. Ich bin schon seit halb vier heute Morgen auf den Beinen.

ⓘ Möbelstücke wie Tische und Stühle haben im Niederländischen keine Beine, sondern „**poten**" (de **poot**, *m*, poten, -je), z. B. tafelpoot, stoelpoot.

de voet [vut] *m (-en, -je)* — **der Fuß**
Het is niet ver. We kunnen te **voet** gaan. — Es ist nicht weit. Wir können zu Fuß gehen.

ⓘ Im Deutschen heißt es, wenn man schlechter Laune ist, dass man mit dem falschen Fuß aufgestanden ist. Im Niederländischen **stap je met het verkeerde been uit bed** (wörtlich: steigt man mit dem falschen Bein aus dem Bett).

het bloed [blut] *n (o. Pl. und Dim.)* — **das Blut**
De kinderen schreeuwden, overal lag **bloed**... — Die Kinder schrien, überall war Blut...

het hart [hɑrt] *n (-en, -je)* — **das Herz**
Toen het gebeurde, had ik opeens het gevoel dat mijn **hart** bleef stilstaan. — Als es passierte, hatte ich auf einmal das Gefühl, dass mir das Herz stehen blieb.

de maag [maχ] *f/m (magen, -je)* — **der Magen**
Ik kan op het moment niets meer eten. Ik heb een beetje last van mijn **maag**. — Ich kann im Moment nichts mehr essen. Ich habe leichte Magenbeschwerden.

de buik [bœyk] *m (-en, -je)* — **der Bauch**
Van dat vele lekkere eten heb ik wel een dik **buikje** gekregen. — Von dem vielen leckeren Essen habe ich allerdings ein Bäuchlein bekommen.

---

het uiterlijk ['œytərlək] *n (o. Pl. und Dim.)* — **das Aussehen**
Voor mij is het **uiterlijk** niet zo belangrijk. Het karakter telt. — Für mich ist das Aussehen nicht so wichtig. Der Charakter zählt.

eruitzien [ɛr'œytsin] *V/i* — **aussehen**
Je hoeft je niet om te kleden. Het is niet zo belangrijk hoe je **eruitziet**. — Du brauchst dich nicht umzuziehen. Es ist nicht so wichtig wie du aussiehst.

knap [knɑp] *Adj., Adv. (-pe, -per, -st)* — **hübsch (von Personen)**
Mijn lerares wiskunde was een heel **knappe** vrouw. — Meine Mathe-Lehrerin war eine sehr hübsche Frau.

Das niederländische „**knap**" bedeutet außer „hübsch", „gutaussehend" auch „intelligent", „schlau" oder „begabt". „Een knappe scholier" braucht also nicht unbedingt gut auszusehen, er kann auch schlau und/oder begabt sein. Die genaue Bedeutung geht meistens aus dem Zusammenhang hervor.

mooi [moj] *Adj,, Adv. (-e, -er, -st)* — **hübsch, schön (von Sachen)**
Op het feest droeg ze een **mooie** blauwe jurk. — Auf der Feier trug sie ein hübsches, blaues Kleid.

de schoonheid [sχ'onhɛit] *f (o. Pl. und Dim.)* — **die Schönheit**
Ik weet dat ze niet bepaald een **schoonheid** is, maar ze is toch niet lelijk? — Ich weiß, dass sie nicht gerade eine Schönheit ist, aber sie ist doch nicht hässlich?

groot [ɤrot] *Adj., Adv. (grote, groter, -st)* — **groß**
Je bent toch al veel te **groot** om nog met poppen te spelen. — Du bist doch schon viel zu groß, um noch mit Puppen zu spielen.

klein [klɛin] *Adj., Adv. (-e, -er, -st)* — **klein**
Kleine kinderen moeten achteraan in de wagen zitten. — Kleine Kinder müssen hinten im Auto sitzen.

---

het verstand [vərst'ɑnt] *n (o. Pl. und Dim.)* — **der Verstand**
Jongen, vertel toch geen onzin. Gebruik toch eens je **verstand**! — Junge, erzähl doch keinen Unsinn. Benutze doch mal deinen Verstand!

het/de idee [id'e] *n/f (-ën, -tje)* — **die Idee**
Dat was toch niet zo'n bijzonder goed **idee**, vrees ik. — Das war doch keine besonders gute Idee, fürchte ich.

denken [d'ɛŋkə(n)] *V/t, V/i* — **denken**
Ik **denk** elke dag aan jou. — Ich denke jeden Tag an dich.

nadenken [n'adɛŋkə(n)] *V/i* — **nachdenken**
Dat is toch onmogelijk! **Denk** toch eens even **na**! — Das ist doch unmöglich! Denk doch mal kurz nach!

verstaan [vərst'an] *V/t* — **verstehen**
Kan/Kun je wat harder spreken? Ik **versta** je niet. — Kannst du etwas lauter sprechen? Ich verstehe dich nicht.

begrijpen [bəɣr'ɛipə(n)] *V/t* — **begreifen**
Dat is te moeilijk voor me. Ik **begrijp** er niets van. — Das ist zu schwierig für mich. Ich begreife nichts davon.

ⓘ Wie im Deutschen wird auch im Niederländischen statt „**begrijpen**" oft „**verstaan**" benutzt: „Dat versta ik niet" bedeutet sowohl „Das verstehe ich nicht" als auch „Das begreife ich nicht".

zich herinneren [zɪχ hɛr'ɪnərə(n)] *V/r* — **sich erinnern (an)**
Ik kan **me** niet **herinneren** dat ik je dat ooit heb verteld. — Ich kann mich nicht daran erinnern, dass ich dir das je erzählt habe.

zich interesseren voor [zɪχ ɪntərɛs'erə(n) vor] *V/r* — **sich interessieren für**
Ik **interesseer me** niet bijzonder **voor** politiek. — Ich interessiere mich nicht besonders für Politik.

---

goed [ɣut] *Adj., Adv.* *(-e, beter, best)* — **gut**
We zijn **goede** vrienden. — Wir sind gute Freunde.

lief [lif] *Adj., Adv.* *(lieve, liever, -st)* — **lieb, artig, brav**
Zijn nieuwe vriendinnetje is een heel **lief** meisje. — Seine neue Freundin ist ein sehr liebes Mädchen.

stout [staut] *Adj., Adv.* *(-e, -er, -st)* — **frech, böse**
Af en toe is hij **stout**, maar hij is niet slecht. — Ab und zu ist er frech, aber er ist nicht schlecht.

aardig ['ardəχ] *Adj., Adv.* *(-e, -er, -st) Syn.:* lief, vriendelijk — **nett, lieb, freundlich**
Ik vind het niet **aardig** van je dat je me niet wilt helpen. — Ich finde es nicht nett von dir, dass du mir nicht helfen willst.

braaf [braf] *Adj., Adv. (brave, braver, -st) Syn.:* lief — **artig, brav**
Als je **braaf** bent, krijg je een snoepje. — Wenn du brav bist, bekommst du etwas Süßes.

trots [trɔts] *Adj., Adv.* *(-e, -er, -st) Syn.:* fier (Flandern) — **stolz**
Ik ben **trots** op je. Je hebt goed gewerkt. — Ich bin stolz auf dich. Du hast gut gearbeitet.

lui [lœy] *Adj., Adv. (-e, -er, -st)* — **faul, träge**
Hij is echt niet dom, hij is gewoon heel erg **lui**.
Er ist wirklich nicht dumm, er ist einfach unheimlich faul.

geduldig [ɣəd'ʏldəχ] *Adj., Adv. (-e, -er, -st)* — **geduldig**
Als leraar moet je tegenwoordig heel erg **geduldig** zijn.
Als Lehrer muss man heutzutage sehr geduldig sein.

het geduld [ɣəd'ʏlt] *n (o. Pl. und Dim.)* — **die Geduld**
Wil je mijn **geduld** op de proef stellen?
Willst du meine Geduld auf die Probe stellen?

voorzichtig [vorz'ɪχtəχ] *Adj., Adv. (-e, -er, -st)* — **vorsichtig**
Jullie mogen op straat spelen, maar jullie moeten wel **voorzichtig** zijn.
Ihr dürft auf der Straße spielen, aber ihr müsst vorsichtig sein.

---

zich voelen [zɪχ f'ulə(n)] *V/r* — **sich fühlen**
Na de operatie **voelde** ze **zich** wat zwakjes.
Nach der Operation fühlte sie sich ziemlich schwach.

mogen [m'oɣə(n)] *V/t, V/i* — **mögen, gern haben**
Ik kan er niets aan doen, maar ik **mag** hem niet.
Ich kann nichts dafür, aber ich mag ihn nicht.

lusten [l'ʏstə(n)] *V/t* — **mögen, gern essen**
Wie **lust** er nog een ijsje?
Wer mag noch ein Eis?

houden van [h'ɑudə(n) vɑn] *V/i* — **lieben**
Als je **van** me **houdt**, moet je dat af en toe toch ook maar eens tonen...
Wenn du mich liebst, solltest du mir das ab und zu vielleicht auch mal zeigen...

blij [blɛi] *Adj., Adv. (-de, üblich: -der, -dst; auch: -er, -st)* — **froh, erfreut**
Moeder was **blij** toen alles achter de rug was.
Mutter war froh, als sie alles hinter sich hatte.

gelukkig [ɣəl'ʏkeχ] *Adj., Adv. (-e, -er, -st)* — **glücklich**
Ik geloof niet dat hij **gelukkig** is. Hij kijkt zo treurig.
Ich glaube nicht, dass er glücklich ist. Er guckt so traurig.

de vreugde [vr'øɣdə] *f (-n und -s, o. Dim.) Syn.:* het plezier
De **vreugde** was groot toen ze elkaar na twintig jaar eindelijk terugzagen.

die Freude
Die Freude war groß, als sie sich nach zwanzig Jahren endlich wiedersahen.

het plezier [pləz'ir] *n (o. Pl., -tje)*
Het was een heel gezellige avond. We hebben erg veel **plezier** gehad.
Ik ben geen auteur, ik schrijf alleen maar voor mijn **plezier**.

der Spaß, das Vergnügen
Es war ein sehr gemütlicher Abend. Wir haben viel Spaß gehabt.
Ich bin kein Schriftsteller, ich schreibe nur zum Vergnügen.

aangenaam ['anɣənam] *Adj. (aangename, aangenamer, -st)*
Het was een heel **aangename** avond.

angenehm
Es war ein sehr angenehmer Abend.

het geluk [ɣəl'ʏk] *n (o. Pl. und Dim.)*
Nu heb je ook nog een lekke band... Je hebt echt geen **geluk** vandaag.

das Glück
Jetzt hast du auch noch einen Platten... Du hast heute wirklich kein Glück.

de hoop [hop] *f/m (o. Pl. und Dim.)*
Ik kon het probleem nog niet oplossen, maar ik geef de **hoop** niet op.

die Hoffnung
Ich konnte das Problem noch nicht lösen, aber ich gebe die Hoffnung nicht auf.

hopen [h'opə(n)] *V/t, V/i*
Hoe pijnlijk! Ik **hoop** dat niemand ons heeft gezien.

hoffen
Wie peinlich! Ich hoffe, dass niemand uns gesehen hat.

de verrassing [vər'ɑsɪŋ] *f (-en, verrassinkje)*
Vertel hem niets. Het moet een **verrassing** blijven.

die Überraschung
Erzähl ihm nichts. Es soll eine Überraschung bleiben.

verrassen [vər'ɑsə(n)] *V/t*
We wilden haar **verrassen**, maar ze was niet thuis.

überraschen
Wir wollten sie überraschen, aber sie war nicht zu Hause.

zich afvragen [zɪχ 'ɑfraɣə(n)] *V/t*
Het is al zo laat. Ik **vraag me af** waar hij toch blijft...

sich fragen, wissen wollen
Es ist schon so spät. Ich frage mich, wo er bleibt...

treurig [tr'ørəχ] *Adj., Adv. (-e, -er, -st) Syn.:* droevig, verdrietig — **traurig**
Ben je nog altijd **treurig**? — Bist du immer noch traurig?

spijten [sp'ɛitə(n)] *V/i* — **Leid tun**
Het **spijt** me echt dat je door mijn schuld de bus hebt gemist. — Es tut mir wirklich Leid, dass du durch meine Schuld den Bus verpasst hast.

zich zorgen maken [zɪχ s'ɔrɣə(n) m'akə(n)] *V/i* — **sich Sorgen machen**
Misschien wordt het vanavond wat later, maar je hoeft **je** geen **zorgen** te **maken**. — Vielleicht wird es heute Abend später, aber du brauchst dir keine Sorgen zu machen.

bezorgd [bəz'ɔrχt] *Adj., Adv. (-e, -er, -st)* — **besorgt, in Sorge**
Waarom kijk je zo **bezorgd**? Er is toch niets gebeurd! — Warum guckst du so besorgt? Es ist doch nichts passiert!

bang zijn voor [baŋ zɛin vor] *V/i* — **Angst haben (vor), sich fürchten (vor)**
Wist jij dat moeder **bang is voor** spinnen? — Wusstest du, dass Mutter Angst vor Spinnen hat?

het probleem [prɔbl'em] *n (problemen, -pje)* — **das Problem**
Ik kan je niet helpen. Ik heb zelf genoeg **problemen**. — Ich kann dir nicht helfen. Ich habe selbst genug Probleme.

haten [h'atə(n)] *V/t* — **hassen**
Wat heeft hij je aangedaan dat je hem zo **haat**? — Was hat er dir angetan, dass du ihn so hasst?

de gezondheid [ɣəz'ɔnthɛit] *f (o. Pl. und Dim.)* — **die Gesundheit**
Ook al is het een cliché, roken is echt niet goed voor de **gezondheid**! — Auch wenn es ein Klischee ist, Rauchen ist wirklich nicht gut für die Gesundheit!

gezond [ɣəz'ɔnt] *Adj., Adv. (-e, -er, -st)* — **gesund, wohl(auf)**
Ik geloof niet dat hij ziek is. Volgens mij is hij **gezond**. — Ich glaube nicht, dass er krank ist. Meiner Meinung nach ist er gesund.

sterk [stɛrk] *Adj., Adv. (-e, -er, -st)*	**stark**
Ik kan die doos niet alleen dragen, ik ben niet **sterk** genoeg.	Ich kann den Karton nicht alleine tragen, ich bin nicht stark genug.
zwak [zwɑk] *Adj., Adv. (-ke, -ker, -st)*	**schwach**
Ik kan namen niet goed onthouden, ik heb nogal een **zwak** geheugen.	Ich kann mir Namen nicht gut merken, ich habe ein ziemlich schwaches Gedächtnis
ziek [zik] *Adj., Adv. (-e, -er, -st)*	**krank**
Ik kan vandaag niet gaan werken, ik ben **ziek**.	Ich kann heute nicht arbeiten gehen, ich bin krank.
pijn doen [pɛin dun] *V/t, V/r*	**wehtun, schmerzen**
Waarom huil je? **Heb** je je **pijn gedaan**?	Warum weinst du? Hast du dir wehgetan?
verwonden [vərw'ɔndə(n)] *V/t* *Syn.:* blesseren	**verletzen**
Er was een ongeval, maar er **werd** niemand **verwond**.	Es gab einen Unfall, aber es wurde niemand verletzt.
de pijn [pɛin] *f/m (-en, -je)*	**der Schmerz, die Schmerzen**
Ik heb zo'n stekende **pijn** in mijn borst.	Ich habe so stechende Schmerzen in der Brust.
lijden (aan) [l'ɛidə(n) (an)] *V/i*	**leiden (an)**
Ik heb gehoord dat ze aan een besmettelijke ziekte **lijdt**.	Ich habe gehört, dass sie an einer ansteckenden Krankheit leidet.
de verkoudheid [vərk'ɑuthɛit] *f (verkoudheden, -je)*	**die Erkältung**
Ik voel me zo raar. Ik denk dat ik een **verkoudheid** krijg.	Ich fühle mich so komisch. Ich denke, dass ich eine Erkältung bekomme.
hoesten [h'ustə(n)] *V/i*	**husten**
Ik **heb** de hele nacht **gehoest**.	Ich habe die ganze Nacht gehustet.
de hoest [hust] *m (o. Pl. und Dim.)*	**der Husten**
Heeft/Hebt u soms een middeltje tegen de **hoest**?	Haben Sie vielleicht ein Mittel gegen Husten?

de hoofdpijn [h'oftpɛin] *f/m (o. Pl. und Dim.)* — **die Kopfschmerzen**

Ik kan niet nadenken, ik heb verschrikkelijke **hoofdpijn**. — Ich kann nicht nachdenken, ich habe schreckliche Kopfschmerzen.

de koorts [korts] *f/m (o. Pl. und Dim.)* — **das Fieber**

Als je **koorts** hebt, ga je maar beter niet werken. — Wenn du Fieber hast, gehst du besser nicht arbeiten.

de temperatuur [tɛmpərat'yr] *f (temperaturen, -tje)* — **die Temperatur**

Kreta heeft in de zomer een gemiddelde **temperatuur** van 40 graden in de schaduw. — Kreta hat im Sommer eine Durchschnittstemperatur von 40 Grad im Schatten.

het ongeval ['ɔŋɣəvɑl] *n (-len, -letje)* — **Unfall** *m*

Onderweg is er een zwaar **ongeval** gebeurd, maar er waren geen gewonden. — Unterwegs ist ein schwerer Unfall passiert, aber es gab keine Verletzten.

de wond [wɔnt] *f/m (-en, -je)* — **die Wunde**

Pas op dat er geen vuil in de **wond** komt. — Pass auf, dass kein Schmutz in die Wunde kommt.

gewond [ɣəw'ɔnt] *Adj. Syn.:* geblesseerd — **verwundet, verletzt**

Ben je **gewond**? Je bloedt... — Bist du verwundet? Du blutest ja...

---

leven [l'evə(n)] *V/i* — **leben**

Jullie **leven** hier echt als God in Frankrijk. — Ihr lebt hier wirklich wie Gott in Frankreich.

het leven [l'evə(n)] *n (-s, -tje)* — **das Leben**

Mijn poes is twee keer van het balkon gevallen. Nu heeft ze nog maar vijf **levens**. — Meine Katze ist zwei Mal vom Balkon gefallen. Jetzt hat sie nur noch fünf Leben.

Ze zijn zwaar gewond, maar ze zijn nog **in leven**. — Sie sind zwar schwer verletzt, aber sie sind noch am Leben.

bestaan [bəst'an] *V/i* — **existieren, leben, geben, vorhanden sein**

Geloof jij dat God **bestaat**? — Glaubst du, dass Gott existiert?

het bestaan [bəst'an] *n (o. Pl. und Dim.)* — **die Existenz, das Leben**
In de oorlog moet je vechten voor je **bestaan**. — Im Krieg muss man um sein Leben kämpfen.

geboren [ɣəb'orə(n)] *Adj.* — **geboren**
Wanneer ben je **geboren**? — Wann bist du geboren?

de verjaardag [vərj'ardɑχ] *m (verjaardagen, -je)* — **der Geburtstag**
Van harte gefeliciteerd met je **verjaardag**. — Herzlichen Glückwunsch zum Geburtstag.

„Geburtstag haben" heißt „**jarig zijn**": Vandaag ben ik jarig. (Heute habe ich Geburtstag.)

jong [jɔŋ] *Adj., Adv. (-e, -er, -st)* — **jung**
Drieëndertig noem ik niet bepaald **jong**... — Dreiunddreißig nenne ich nicht gerade jung...

oud [ɑut] *Adj., Adv. (-e, -er, -st)* — **alt**
Hoe **oud** ben je? — Wie alt bist du?

dood [dot] *Adj., Adv. (dode)* — **tot**
Ik wil dat jullie de inbreker vinden, **dood** of levend. — Ich will, dass ihr den Einbrecher findet, tot oder lebendig.

sterven [st'ɛrvə(n)] *V/i Syn.:* omkomen — **sterben**
Hij heeft niet veel geleden. Hij **is** in zijn slaap **gestorven**. — Er hat nicht viel gelitten. Er ist im Schlaf gestorben.

de dood [dot] *f/m (o. Pl. und Dim.)* — **der Tod**
Hij is op het laatste nippertje aan de **dood** ontkomen. — Er ist im letzten Augenblick dem Tod entkommen.

AKTIVITÄTEN

moe [mu] *Adj., Adv. (-ër, -st)* — **müde**
Van dat lange wandelen ben ik **moe**. — Von dem langen Spaziergang bin ich müde.

gaan slapen [ɣan sl'apə(n)] *V/i Syn.:* naar bed gaan — **schlafen gehen, ins Bett gehen**
Het is laat. Ik **ga slapen**. — Es ist spät. Ich gehe schlafen.

slapen [sl'apə(n)] *V/i*	**schlafen**
Ik ben doodmoe. Ik **heb** nauwelijks **geslapen**.	Ich bin todmüde. Ich habe kaum geschlafen.
de slaap [slap] *m (o. Pl., -je)*	**der Schlaf**
Kleine kinderen hebben veel **slaap** nodig.	Kleine Kinder brauchen viel Schlaf.
dromen [dr'omə(n)] *V/t, V/i*	**träumen**
's Morgens kan ik me nooit herinneren wat ik 's nachts **heb gedroomd**.	Morgens kann ich mich nie daran erinnern, was ich nachts geträumt habe.
de droom [drom] *m (dromen, -pje)*	**der Traum**
Ik had vannacht een heel grappige **droom**.	Ich hatte heute Nacht einen ganz witzigen Traum.
wakker worden [w'ɑkər w'ɔrdə(n)] *V/i*	**aufwachen**
Word eindelijk eens **wakker**, het is al half acht!	Wach endlich mal auf, es ist schon halb acht!
wekken [w'ɛkə(n)] *V/t*	**wecken**
Zou u me morgen rond half zeven kunnen **wekken**?	Könnten Sie mich morgen gegen halb sieben wecken?
opstaan ['ɔpstan] *V/i*	**aufstehen**
Als ik moet werken **sta** ik 's morgens altijd om tien voor zeven **op**.	Wenn ich arbeiten muss, stehe ich morgens immer um zehn vor sieben auf.

---

kijken [k'ɛikə(n)] *V/i*	**schauen, gucken, hinsehen**
Kijk eens wat ik heb gevonden!	Schau mal, was ich gefunden habe!
de blik [blɪk] *m (-ken, -je)*	**der Blick**
Ik geloof dat hij me niet kan uitstaan. Hij gunt me geen **blik**.	Ich glaube, dass er mich nicht ausstehen kann. Er würdigt mich keines Blickes.
kijken naar [k'ɛikə(n) nar] *V/i*	**(sich) anschauen, ansehen**
Dokter, zou u eens **naar** mijn voet **kunnen kijken**? Die doet erg pijn.	Herr Doktor, könnten Sie sich meinen Fuß einmal anschauen? Der tut ziemlich weh.
zien [zin] *V/t, V/i*	**sehen**
Zie je die zwarte auto ginds?	Siehst du den schwarzen Wagen dahinten?

lijken [l'ɛikə(n)] *V/i, V/aux*
Je **lijkt** een beetje overwerkt. Wanneer heb je vakantie?

wirken, scheinen
Du wirkst ein wenig überarbeitet. Wann hast du Urlaub?

het gezicht [ɣəz'ɪχt] *n (-en, -je)*
Het was liefde op het eerste **gezicht**. Nu zijn we sinds tien jaar getrouwd.

der Blick
Es war Liebe auf den ersten Blick. Jetzt sind wir seit zehn Jahren verheiratet.

van gezicht [vaŋ ɣəz'ɪχt]
Ik ken haar niet persoonlijk, alleen maar **van gezicht**.

vom Sehen
Ich kenne sie nicht persönlich, nur vom Sehen.

horen [h'orə(n)] *V/t, V/i*
Hoor jij ook zo'n raar geluid?

hören
Hörst du auch so ein komisches Geräusch?

luisteren (naar) [l'œystərə(n)] *V/i*
Luister eens! Hoor jij dat geluid ook?
Je had beter **naar** hem kunnen **luisteren**.

hören, hinhören, zuhören
Hör mal! Hörst du das Geräusch auch?
Du hättest besser auf ihn hören sollen.

ℹ Der Unterschied zwischen „luisteren" und „horen" ist, dass „horen" transitiv ist, d. h. mit einem direkten (Akkusativ)Objekt verbunden werden kann (**Hoor** je dat geluid? Hörst du das Geräusch?), während „luisteren" intransitiv ist, d.h. kein direktes (Akkusativ)Objekt haben, sondern höchstens mit der Präposition „naar" benutzt werden kann (Je zou beter naar hem **luisteren**! Du solltest besser auf ihn hören!).

klinken [kl'ɪŋkə(n)] *V/i*
„Georg", das **klinkt** Duits. Bent u Duitser?

klingen, sich anhören
„Georg", das klingt Deutsch. Sind Sie Deutscher?

het geluid [ɣəl'œyt] *n (-en, -je)*
Opeens maakte de auto zo'n raar **geluid** en toen bleef hij staan.

das Geräusch
Auf einmal machte das Auto so ein komisches Geräusch, und dann blieb es stehen.

de klank [klaŋk] *m (-en, -je)*
Ik hou van de **klank** van oude piano's.

der Klang
Ich liebe den Klang alter Klaviere.

stil [stɪl] *Adj., Adv. (-le, -ler, -st)*
Kunnen jullie nu eindelijk eens een beetje **stiller** zijn? Ik kan me niet concentreren.

leise , still
Könnt ihr jetzt endlich mal ein bisschen leiser sein? Ich kann mich nicht konzentrieren.

rustig [r'ʏstəχ] *Adj., Adv. (-e, -er, -st)*
Hij is een heel **rustige** jongen, hij zegt nooit veel.

ruhig
Er ist ein sehr ruhiger Junge, er sagt nie viel.

luid [lœyt] *Adj., Adj. (-e, -er, -st) Syn.:* hard
Kan/Kunt u iets **luider** spreken? Ik kan u hier vooraan niet verstaan.

laut
Können Sie etwas lauter sprechen? Ich kann Sie hier vorne nicht verstehen.

aanvoelen ['anvulə(n)] *V/i*
Die stof **voelt** echt zacht **aan**, is dat zijde?

sich anfühlen
Der Stoff fühlt sich wirklich weich an, ist das Seide?

aanraken ['anrakə(n)] *V/t*
In de winkel hingen overal bordjes „Niet **aanraken**!“.

anfassen, berühren
Im Laden hingen überall Schilder „Nicht berühren!“.

de geur [ɣør] *m (-en, -tje) Syn.:* de reuk
Er hangt al sinds dagen zo'n zoete **geur** in de woning.

der Geruch, der Duft
Es hängt schon seit Tagen so ein süßer Geruch in der Wohnung.

ruiken [r'œykə(n)] *V/i*
Lieveling, wat **ruikt** er hier zo lekker? Heb jij gekookt?

riechen, duften
Liebling, was riecht hier so gut? Hast du gekocht?

ⓘ Wenn etwas eher unangenehm riecht, dann „ruikt“ es nicht, sondern „het **riekt**“ oder „het **stinkt**“ (es stinkt): **rieken** (V/i), **stinken** (*V/i*).

de smaak [smak] *m (smaken, -je)*
Als je die jurk echt mooi vindt, heb je een heel eigenaardige **smaak**.

der Geschmack
Wenn du das Kleid wirklich schön findest, hast du einen sehr komischen Geschmack.

smaken [sm'akə(n)] *V/i*
Smaakt het eten? – Ja, het **smaakt** heerlijk.

schmecken
Schmeckt das Essen? – Ja, es schmeckt herrlich.

Das niederländische Wort „**smakelijk**", schmackhaft, appetitlich, ist von „smaken" abgeleitet und bedeutet auch „Guten Appetit!": **Smakelijk!** (informell), **Eet smakelijk!** (formeller), **Eet u smakelijk!** (sehr formell).

(zich) wassen [(zɪχ) w'ɑsə(n)] *V/t, V/r* — **(sich) waschen**
Ik kom meteen. Ik moet alleen nog even mijn handen **wassen**. — Ich komme sofort. Ich muss mir nur noch eben die Hände waschen.

het bad [bɑt] *n (-en, -je)* — **das Bad, die Wanne**
Je stinkt naar het zweet. Ga maar liever in **bad** voordat je komt eten. — Du stinkst nach Schweiß! Gehe lieber in die Wanne, bevor du essen kommst.

Das niederländische Wort „het **bad**" benutzt man nur für die (Bade)Wanne, nicht für das Badezimmer: Ik kan je nu niet helpen. Ik zit in het **bad**. (Ich kann dir jetzt nicht helfen. Ich sitze in der Wanne.) Das Badezimmer heißt „de **badkamer**" (*f/m*, -s, -tje). Die Badewanne als Gegenstand nennt man „de **badkuip**" (*f/m*, -en, -je).

de douche [duʃ], [d'uʃə] *f/m (-s, -tje)* — **die Dusche, die Brause**
Ik ben meteen klaar. Ik ga alleen nog even onder de **douche**. — Ich bin sofort fertig. Ich gehe nur noch kurz unter die Dusche.

de zeep [zep] *f/m (zepen, -je)* — **die Seife**
Hebben we nog ergens een stukje **zeep** liggen? — Haben wir noch irgendwo ein Stück Seife liegen?

de handdoek [h'ɑnduk] *m (-en, -je)* — **das Handtuch**
Ik heb een grote **handdoek** op de verwarming gelegd. — Ich habe ein großes Handtuch auf die Heizung gelegt.

de borstel [b'ɔrstəl] *m (-s, -tje)* — **die Bürste**
Heb je soms nog ergens een nieuwe tanden**borstel** liggen? — Hast du vielleicht noch irgendwo eine neue Zahnbürste liegen?

borstelen [b'ɔrstələ(n)] *V/t* — **bürsten**
Jij hoeft je haar niet te **borstelen**, je hebt er geen meer! — Du brauchst dir die Haare nicht zu bürsten, du hast ja keine mehr!

de kam [kɑm] *m (-men, -metje)*
Heb jij soms een **kam**? Mijn haar is helemaal in de war.

der Kamm
Hast du vielleicht einen Kamm? Meine Haare sind ganz durcheinander.

(zich) kammen
[(zɪχ) k'ɑmə(n)] *V/t, V/r*
Hoe zie jij eruit? **Heb** je je niet **gekamd**?

(sich) kämmen
Wie siehst du denn aus? Hast du dich nicht gekämmt?

de/het poeder [p'udər] *m/n (-s, -tje)*
Met een beetje **poeder** kunnen we die pukkeltjes wel verstoppen.

das Puder
Mit ein wenig Puder können wir die Pickel schon kaschieren.

handelen [h'ɑndələ(n)] *V/i*
We moeten zo snel mogelijk **handelen**, anders is het te laat.

handeln
Wir müssen möglichst schnell handeln, sonst ist es zu spät.

zich gedragen
[zɪχ χədr'aɣə(n)] *V/r*
Je had beloofd dat je **je** zou **gedragen**.

sich benehmen, sich verhalten
Du hattest versprochen, dass du dich benehmen würdest.

de daad [dat] *f/m (daden, -je)*
We moeten iedere dag een goede **daad** verrichten.

die Tat
Wir müssen jeden Tag eine gute Tat vollbringen.

de handeling [h'ɑndəlɪŋ] *f (-en, -etje)*
Dat was echt een onbezonnen **handeling**. Waarom heb je niet nagedacht?

die Handlung
Das war wirklich eine unüberlegte Handlung. Warum hast du nicht nachgedacht?

maken [m'akə(n)] *V/t, V/i*
Waarom **maken** jullie zoveel lawaai? Kunnen jullie niet een beetje rustiger zijn?
Mijn fiets is stuk. Kan/Kun jij hem weer **maken**?

machen, herstellen, reparieren
Warum macht ihr so viel Lärm? Könnt ihr nicht ein bisschen leiser sein?
Mein Fahrrad ist kaputt. Kannst du es reparieren?

ℹ „**Maken**“ kommt auch in einigen festen Redewendungen vor: „Hoe **maak** je het?“ bedeutet sinngemäß „Wie geht es dir?“ „Het **maakt** niets uit“ bedeutet sinngemäß „Es macht nichts.“

doen [dun] *V/t, V/i* — **tun, machen**
Hij **deed** me pijn. — Er tat mir weh.
Wat ben je aan het **doen**? — Was machst du gerade?

„**Maken**" wird im Niederländischen oftmals benutzt, wenn etwas hergestellt, zubereitet oder repariert wird. Für das neutrale deutsche „tun" oder „machen" verwenden wir im Niederländischen „**doen**".

werken [w'ɛrkə(n)] *V/i* — **arbeiten, funktionieren**
Ik **werk** voor een grote firma in Berlijn. — Ich arbeite für eine große Firma in Berlin.
Het toestel **werkt** niet. — Das Gerät funktioniert nicht.

het werk [wɛrk] *n (o. Pl. und Dim.)* — **die Arbeit**
Ik heb nog een heleboel **werk**. — Ich habe noch eine ganze Menge Arbeit.

Das niederländische Wort „het **werk**" hat mehrere Bedeutungen, im Allgemeinen wird es aber für „Arbeit" oder „Arbeitsstelle" verwendet (s. unten).

de baan [ban] *f/m (banen, -tje)* — **die (Arbeits)Stelle, der Job**
Syn.: de betrekking, het werk
Hij heeft een interessante **baan** bij een verzekeringsmakelaar. — Er hat eine interessante Stelle bei einem Versicherungsmakler.

proberen [prob'erə(n)] *V/t* — **versuchen**
Kan/Kun jij dat probleem oplossen? – Ik kan het **proberen**. — Kannst du das Problem lösen? – Ich kann es versuchen.

Verwechseln Sie das deutsche Verb „versuchen" bitte nicht mit dem niederländischen „**verzoeken**"! Das niederländische „verzoeken" (*V/t*) bedeutet „bitten", „ersuchen": Ik **verzoek** u het formulier ingevuld terug te sturen. (Ich bitte Sie, das Formular ausgefüllt zurückzuschicken.)

het plan [plɑn] *n (-nen, -netje)* — **der Plan**
Ik heb een **plan**, maar ik weet niet of het zal werken. — Ich habe einen Plan, aber ich weiß nicht, ob er funktionieren wird.

(zich) voorbereiden [(zɪχ) v'orbərɛidə(n)] *V/t, V/r* — **(sich) vorbereiten**
Ik **heb** enkele punten **voorbereid** waarover ik graag met jullie zou willen spreken. — Ich habe einige Punkte vorbereitet, über die ich gerne mit euch sprechen würde.

de moeite [m'ujtə] *f* *(-n, o. Dim.)* — **die Mühe**

Die film moet je zien! Die is echt de **moeite** waard! — Den Film musst du sehen! Er ist wirklich der Mühe wert!

---

nodig hebben [n'odəχ h'ɛbə(n)] *V/t* — **brauchen, benötigen**

Ik ga boodschappen doen. **Heb** je soms nog iets **nodig**? — Ich gehe einkaufen. Brauchst du vielleicht noch etwas?

zoeken [z'ukə(n)] *V/t, V/i* — **suchen (nach)**

Kan ik u helpen? **Zoekt** u iets? — Kann ich Ihnen helfen? Suchen Sie etwas?

vinden [v'ɪndə(n)] *V/t* — **finden**

Ik heb al overal gezocht, maar ik kan mijn sleutels nergens **vinden**. — Ich habe überall schon gesucht, aber ich kann meine Schlüssel nirgendwo finden.

bereiken [bər'ɛikə(n)] *V/t* — **erreichen**

Ik heb gisteren geprobeerd u op te bellen, maar ik kon u niet **bereiken**. — Ich habe gestern versucht, Sie anzurufen, aber ich konnte Sie nicht erreichen.

vangen [v'ɑŋə(n)] *V/t* — **fangen**

Onze poes heeft nog nooit muizen **gevangen**. — Unsere Katze hat noch nie Mäuse gefangen.

vormen [v'ɔrmə(n)] *V/t* — **bilden**

Met deze woorden moeten jullie een nieuwe zin **vormen**. — Mit diesen Wörtern sollt ihr einen neuen Satz bilden.

gebruiken [ɣəbr'œykə(n)] *V/t* — **verwenden, benutzen, gebrauchen**

Mag ik deze handdoek **gebruiken**? — Darf ich dieses Handtuch benutzen?

het gebruik [ɣəbr'œyk] *n* *(o. Pl. und Dim.)* — **der Gebrauch, die Benutzung, die Verwendung**

Bij deze test is het **gebruik** van woordenboeken niet toegestaan. — Bei diesem Test ist der Gebrauch von Wörterbüchern nicht erlaubt.

verzamelen [vərz'amələ(n)] *V/t* — **sammeln**

Ik **verzamel** balpennen. Ik heb er al meer dan vijfhonderd. — Ich sammle Kugelschreiber. Ich habe schon mehr als fünfhundert.

de verzameling [vərz'aməlıŋ] *f (-en, -etje)*	**die Sammlung**
Ik heb al een vrij grote **verzameling** postzegels.	Ich habe schon eine recht große Briefmarkensammlung.
houden [h'audə(n)] *V/t*	**halten**
Hou toch eens eindelijk je mond!	Halt doch endlich mal den Mund!
In de stad moet je de hond aan de lijn **houden**.	In der Stadt muss man den Hund an der Leine halten.
toevoegen [t'uvuɣə(n)] *V/t*	**hinzufügen, dazugeben**
Misschien wilt u hier nog iets aan **toevoegen**?	Vielleicht möchten Sie dem noch etwas hinzufügen?
wisselen [w'ısələ(n)] *V/t*	**wechseln, tauschen**
Tot wanneer kunnen we onze guldens in euro's **wisselen**?	Bis wann können wir unsere Gulden in Euros tauschen?
openen ['opənə(n)] *V/t Syn.:* opendoen	**öffnen, aufmachen, eröffnen**
Kan/Kun je even het venster **openen**?	Kannst du mal eben das Fenster öffnen?
Kan ik bij u een rekening **openen**?	Kann ich bei Ihnen ein Konto eröffnen?
sluiten [sl'œytə(n)] *V/t Syn.:* dichtdoen	**schließen, zumachen**
Het tocht. Kan/Kun je het raam eens even **sluiten**?	Es zieht. Kannst du das Fenster mal eben schließen?
vullen [v'ʏlə(n)] *V/t*	**füllen**
Het gulzige kind **vulde** zijn zakken met snoepjes.	Das gierige Kind füllte seine Taschen mit Bonbons.
schudden [sχ'ʏdə(n)] *V/t*	**schütteln**
Heb je de fles goed **geschud**?	Hast du die Flasche gut geschüttelt?
snijden [sn'ɛidə(n)] *V/t*	**schneiden**
Snijd jij alvast de tomaten, dan haal ik het vlees uit de diepvries.	Schneidest du schon mal die Tomaten, dann hole ich das Fleisch aus der Tiefkühltruhe.
verbranden [vərbr'andə(n)] *V/t, V/i*	**verbrennen**
Uit woede **verbrandde** ze al zijn foto's.	Vor Wut verbrannte sie alle seine Fotos.

leggen [l'ɛɣə(n)] *V/t* — **legen**
Hij **legde** zijn sleutels op de kast en ging naar boven. — Er legte seine Schlüssel auf den Schrank und ging hinauf.

zetten [z'ɛtə(n)] *V/t* — **setzen**, **stellen**, **(Kaffee/Tee) kochen**
Kan/Kun jij de vuilnisbak even buiten **zetten**? — Kannst du den Mülleimer mal eben hinausstellen?
Zal ik nog snel een kopje koffie **zetten**? — Soll ich noch schnell eine Tasse Kaffee kochen?

ⓘ Kaffee und Tee werden im Niederländischen nicht gekocht (bis das ganze Aroma verschwunden ist), sondern man „**zet** een kopje koffie“ oder „thee“ (wörtlich: setzt ein Tässchen Kaffee oder Tee).

brengen [br'ɛŋə(n)] *V/t* — **bringen**
Ik ben gewond. Kan/Kun je me even naar het ziekenhuis **brengen**? — Ich bin verletzt. Kannst du mich kurz ins Krankenhaus bringen?

meebrengen [m'ebrɛŋə(n)] *V/t* — **mitbringen**
Breng je nog een kilo aardappelen **mee**? — Bringst du ein Kilo Kartoffeln mit?

meenemen [m'enemə(n)] *V/t* — **mitnehmen**
Als je wilt, kan ik je een stukje met de auto **meenemen**. — Wenn du möchtest, kann ich dich ein Stück mit dem Auto mitnehmen.

sturen [st'yrə(n)] *V/t* — **schicken, senden**
Ze **stuurt** me iedere dag een mailtje. — Sie schickt mir jeden Tag eine Mail.

dragen [dr'aɣə(n)] *V/t* — **tragen**
Kan/Kun je me even helpen **dragen**? Dat is te zwaar voor mij alleen. — Kannst du mir mal eben tragen helfen? Das ist zu schwer für mich alleine.

trekken [tr'ɛkə(n)] *V/i* — **ziehen**
De deur klemt een beetje, je moet nogal hard **trekken**. — Die Tür klemmt ein bisschen, du musst ziemlich fest ziehen.

duwen [d'ywə(n)] *V/t, V/i* — **stoßen, drücken, schubsen**
Hij **duwde** haar in het water. — Er stieß sie ins Wasser.
Je hoeft niet zo te **duwen**, het gaat niet sneller. — Du brauchst nicht so zu schubsen, es geht nicht schneller.

oprapen ['ɔprapə(n)] *V/t* — **aufheben, aufsammeln**
Waarom heb je dat op de grond gegooid? **Raap** het maar weer **op**.
Warum hast du das auf den Boden geworfen? Heb es mal wieder auf!

optillen ['ɔptɪlə(n)] *V/t Syn.:* opheffen — **hochheben, anheben**
Als jij de kast even **optilt**, kan ik het tapijt eronder schuiven.
Wenn du den Schrank eben anhebst, kann ich den Teppich darunter schieben

laten vallen [l'atə(n) v'ɑlə(n)] *V/t* — **fallen lassen**
Wie heeft mijn dure kristallen vaas **laten vallen**?
Wer hat meine teure Kristallvase fallen lassen?

draaien [dr'ajə(n)] *V/t, V/i* — **(sich) drehen**
Galilei kon bewijzen dat de aarde rond de zon **draait**.
Galilei konnte beweisen, dass sich die Erde um die Sonne dreht.

omdraaien ['ɔmdrajə(n)] *V/t, V/i, V/r* — **umdrehen**
Zo past de diskette niet. Je moet ze natuurlijk **omdraaien**.
So passt die Diskette nicht. Du musst sie natürlich umdrehen!

---

hebben [h'ɛbə(n)] *V/t* — **haben, besitzen**
Heb je een ogenblikje tijd voor me?
Hast du einen Augenblick Zeit für mich?
Ik **heb** meer dan vijfduizend boeken.
Ich habe mehr als fünftausend Bücher.

geven [ɣ'evə(n)] *V/t* — **geben**
Geef dat boek maar aan je broer, die leest toch zo graag.
Gib das Buch mal deinem Bruder, der liest doch so gerne.

schenken [sχ'ɛŋkə(n)] *V/t* — **schenken**
Hij **schonk** zijn vrouw voor hun trouwdag een dure ring met diamanten.
Er schenkte seiner Frau zum Hochzeitstag einen teuren Ring mit Diamanten.

achterlaten ['ɑχtərlatə(n)] *V/t* — **hinterlassen, zurücklassen**
Als u wilt, kan/kunt u na de pieptoon een berichtje **achterlaten**.
Wenn Sie möchten, können Sie nach dem Pfeifton eine Nachricht hinterlassen.
Hij **heeft** zijn vrouw met de kinderen alleen **achtergelaten**.
Er hat seine Frau mit den Kindern alleine zurückgelassen.

nemen [n'emə(n)] *V/t* — **nehmen**
Wil je een snoepje? Je mag er gerust twee **nemen**. — Möchtest du ein Bonbon? Du darfst ruhig zwei nehmen.

krijgen [kr'ɛiɣə(n)] *V/t* — **bekommen, erhalten**
Wat heb je voor je verjaardag **gekregen**? — Was hast du zum Geburtstag bekommen?

ontvangen [ɔntv'ɑŋə(n)] *V/t* — **empfangen**
Kan/Kun je die zender hier **ontvangen**? — Kann man den Sender hier empfangen?

aannemen ['anemə(n)] *V/t* — **annehmen, akzeptieren**
Syn.: accepteren, aanvaarden
Ik wilde hem een boek schenken, maar hij heeft het niet **aangenomen**. — Ich wollte ihm ein Buch schenken, aber er hat es nicht angenommen.

houden [h'ɑudə(n)] *V/t* — **behalten**
Ik heb dat boek niet meer nodig. Je mag het gerust **houden**. — Ich brauche das Buch nicht mehr. Du darfst es ruhig behalten.

LERNEN UND WISSEN

leren [l'erə(n)] *V/t* — **lernen, beibringen, lehren**
Ik kan 's avonds beter **leren** dan 's morgens. — Ich kann abends besser lernen als morgens.
Als je wilt, kan ik je **leren** schrijven. — Wenn du möchtest, kann ich dir das Schreiben beibringen.

ⓘ „**leren**" bedeutet nicht nur „lernen", sondern auch „lehren", „beibringen": Als je wilt, kan ik je **leren** schrijven. (Wenn du möchtest, kann ich dir das Schreiben beibringen.), Ik **leer** jullie Nederlands. (Ich bringe euch Niederländisch bei.)

weten [w'etə(n)] *V/t* — **wissen**
Ik heb dat woord al wel gehoord, maar ik **weet** niet precies wat het betekent. — Ich habe das Wort zwar schon gehört, aber ich weiß nicht genau, was es bedeutet.

kennen [k'ɛnə(n)] *V/t* — **kennen**
Hij **kent** veel mensen. — Er kennt viele Leute.

lezen [l'ezə(n)] *V/t* Moet je bij het ontbijt altijd de krant **lezen**?	**lesen** Musst du beim Frühstück immer Zeitung lesen?
schrijven [sχr'εivə(n)] *V/t* Naar het schijnt, **heeft** hij die roman binnen maar twee weken tijd **geschreven**.	**schreiben** Wie es scheint, hat er den Roman in nur zwei Wochen geschrieben.
typen [t'ipə(n)], [t'εipə(n)] *V/t, V/i Syn.:* tikken Jan, **heb** je die tekst al **getypt**?	**tippen, Maschine schreiben** Jan, hast du diesen Text schon getippt?
kopiëren [kopij'erə(n)] *V/i* Je moet het niet overschrijven, ik zal het **kopiëren**.	**kopieren** Du musst es nicht abschreiben, ich werde es kopieren
de kopie [kop'i] *f (-ën, -tje)* Peter, kan/kun je hiervan even een **kopietje** maken?	**die Kopie**, **die Abschrift** Peter, kannst du davon eben eine Kopie machen?
het voorbeeld [v'orbelt] *n (-en, -je)* Ik probeer het aan de hand van een duidelijk **voorbeeld** uit te leggen.	**das Beispiel** Ich versuche, es anhand eines deutlichen Beispiels zu erklären.

ⓘ „Zum Beispiel“ heißt auf Niederländisch „**bijvoorbeeld**‘, abgekürzt: „bv.“ oder „bijv.“.

de oefening ['ufənıŋ] *f (-en, -etje)* Vandaag maken we een paar **oefeningen** om te controleren of jullie het hebben begrepen.	**die Übung** Heute machen wir ein paar Übungen, um zu überprüfen, ob ihr es begriffen habt.
de test [tεst] *m (-s, -je)* Als ik jou was, zou ik een beetje beter opletten. Morgen schrijven jullie een **test**.	**der Test** Wenn ich du wäre, würde ich etwas besser aufpassen. Morgen schreibt ihr einen Test.
het verhaal [vərh'al] *n (verhalen, -tje)* Toe papa, lees nog een **verhaal**tje voor...	**die Geschichte** Bitte, Papa, lies noch eine Geschichte vor...

„Geschichte" in der Bedeutung „historischer Hintergrund" heißt „de **geschiedenis**" (*f*, -sen, -je): Hij weet heel veel over de **geschiedenis** van Amerika. (Er weiß sehr viel über die Geschichte Amerikas.)

het boek [buk] *n (-en, -je)*
Tegenwoordig leest er nauwelijks nog iemand een **boek**.

das Buch
Heutzutage liest kaum jemand noch ein Buch.

de auteur [ɑut'ør], [ot'ør] *m (-s, -tje) Fem.:* de autrice
Ik weet niet meer wie dat boek geschreven heeft. Het is wel een bekende **auteur**...

der Schriftsteller, der Autor
Ich weiß nicht mehr, wer das Buch geschrieben hat. Es ist aber ein bekannter Autor...

de bibliotheek [biblijot'ek] *f (bibliotheken, -je)*
Ik koop geen boeken. Ik leen ze altijd van de **bibliotheek**.

die Bibliothek, die Bücherei
Ich kaufe keine Bücher. Ich entleihe sie immer aus der Bibliothek.

het teken [t'ekə(n)] *n (-s und -en, -tje)*
De kinderen hadden wilde **tekens** op de muur gespoten.

das Zeichen
Die Kinder hatten wilde Zeichen an die Wand gesprüht.

de letter [l'ɛtər] *f/m (-s, -tje)*
Ik kan enkele **letters** niet lezen.

der Buchstabe
Ich kann einige Buchstaben nicht lesen.

de regel [r'eɣəl] *m (-s, -tje)*
De tekst mag niet langer zijn dan zestig **regels**.

die Zeile
Der Text darf nicht länger als sechzig Zeilen sein.

de bladzijde [bl'ɑtsɛidə] *f/m (-n, -tje) Syn.:* de pagina
Ik lees geen boeken met meer dan vijfhonderd **bladzijden**.

die Seite
Ich lese keine Bücher mit mehr als fünfhundert Seiten.

het blad [blɑt] *n (-en, blaadje)*
Kan/Kun jij me een **blad** papier geven? Ik heb mijn schrift thuis vergeten.

das Blatt
Kannst du mir ein Blatt Papier geben? Ich habe mein Heft zu Hause vergessen.

VERHALTEN

de zaak [zak] *f/m (zaken, -je)*
Over drugs kan ik niets vertellen. Dat is eerder een **zaak** voor de politie.
Laat me met rust en bemoei je met je eigen **zaken**.

die Angelegenheit, die Sache
Zu Drogen kann ich nichts sagen. Das ist eher eine Sache für die Polizei.
Lass mich in Ruhe und kümmer dich um deine eigenen Sachen!

de plicht [plɪχt] *f/m (-en, -je)*
Volgens de wet heeft iedere burger dezelfde rechten en dezelfde **plichten**.

die Pflicht
Laut dem Gesetz hat jeder Bürger dieselben Rechte und dieselben Pflichten.

de taak [tak] *f/m (taken, -je)*
Het is niet mijn **taak** hier alles netjes te houden.

die Aufgabe
Es ist nicht meine Aufgabe, hier alles sauber zu halten.

gewoon zijn [ɣəw'on zɛin] *V/t*
Ik **ben** het niet **gewoon** zo hard te moeten spreken.

gewohnt sein
Ich bin es nicht gewohnt, so laut sprechen zu müssen.

afhangen van ['ɑfhɑŋə(n) vɑn] *V/i*
Ik weet niet of we morgen kunnen gaan barbecuen. Dat **hangt van** het weer **af**.

abhängen von
Ich weiß nicht, ob wir morgen grillen gehen können. Das hängt vom Wetter ab.

wachten [w'ɑχtə(n)] *V/i*
Kan/Kunt u nog een ogenblikje **wachten**? Meneer De Smet komt zo meteen.

warten
Können Sie noch einen Augenblick warten? Herr De Smet kommt sofort.

verwachten [vərw'ɑχtə(n)] *V/t*
Er heeft iemand gebeld. **Verwacht** jij nog bezoek?

erwarten
Es hat jemand geklingelt. Erwartest du noch Besuch?

opmerken ['ɔpmɛrkə(n)] *V/t*
Als je me niet had geroepen, **had** ik je helemaal niet **opgemerkt**.

bemerken, wahrnehmen
Wenn du mich nicht gerufen hättest, hätte ich dich überhaupt nicht bemerkt.

de aandacht ['andɑχt] *f/m (o. Pl. und Dim.)*
Dames en heren, mag ik even uw **aandacht** hebben?

die Aufmerksamkeit
Meine Damen und Herren darf ich Sie kurz um Ihre Aufmerksamkeit bitten?

oppassen (op) ['ɔpɑsə(n)(ɔp)] *V/i*
Pas jij **op** dat er niets gebeurt?
Hij **paste op** zijn zieke moeder **op**.

aufpassen (auf), Acht geben (auf), betreuen
Passt du auf, dass nichts passiert?
Er betreute seine kranke Mutter.

zorgvuldig [zɔrχf'ʏldəχ] *Adj., Adv. (-e, -er, -st)*
Hij onderzocht het toestel heel **zorgvuldig**.

sorgfältig
Er untersuchte das Gerät sehr sorgfältig.

zorgen voor [z'ɔrɣə(n) vor] *V/i*
Kan/Kun jij **voor** de poezen **zorgen** als wij weg zijn?

sich kümmern um, pflegen, versorgen
Kannst du dich um die Katzen kümmern, wenn wir weg sind?

beschermen [bəsχ'ɛrmə(n)] *V/t*
Deze zonnebril **beschermt** uw ogen.

schützen
Diese Sonnenbrille schützt Ihre Augen.

de bescherming [bəsχ'ɛrmɪŋ] *f (-en, beschermінkje)*
Dikke muren zijn een goede **bescherming** tegen lawaai en kou.

der Schutz
Dicke Mauern sind ein guter Schutz gegen Lärm und Kälte.

(zich) verstoppen [zɪχ fərst'ɔpə(n)] *V/t, V/r*
Kijk eens hoe bang de poes is. Ze **heeft zich verstopt**.

(sich) verstecken, verbergen
Guck mal, wie ängstlich die Katze ist. Sie hat sich versteckt.

vergeten [vərɣ'etə(n)] *V/t*
Vergeet niet me op te bellen als je aangekomen bent!

vergessen
Vergiss nicht, mich anzurufen, wenn du angekommen bist!

verlaten [vərl'atə(n)] *V/t*
Tijdens de oorlog mochten we onze huizen 's avonds niet meer **verlaten**.

verlassen
Während des Krieges durften wir unsere Häuser abends nicht mehr verlassen.

glimlachen [ɣl'ɪmlɑχə(n)] *V/i*
Toen ze me zag, **glimlachte** ze even.

lächeln
Als sie mich sah, lächelte sie kurz.

lachen [l'ɑχə(n)] *V/i*
Als je niet meteen ophoudt met **lachen**, word ik kwaad.

lachen
Wenn du nicht sofort aufhörst zu lachen, werde ich böse.

huilen [h'œylə(n)] *V/i Syn:* wenen
Waarom **huil** je? Heb je je pijn gedaan?

weinen
Warum weinst du? Hast du dir wehgetan?

---

de macht [mɑχt] *f/m (-en, -je)*
Pas goed op wat je tegen hem zegt. Hij heeft heel veel **macht** in deze stad.

die Macht, die Kraft
Pass gut auf, was du zu ihm sagst. Er hat sehr viel Macht in dieser Stadt.

vriendelijk [vr'indələk] *Adj., Adv. (-e, -er, -st)*
Dat is heel **vriendelijk** van u dat u me wilt helpen.

freundlich, nett, lieb
Das ist sehr freundlich von Ihnen, dass Sie mir helfen wollen.

de hulp [hʏlp] *f/m (-en, -je)*
Zonder haar had ik het nooit gered. Zij was een grote **hulp**.

die Hilfe
Ohne sie hätte ich es nie geschafft. Sie war eine große Hilfe.

helpen [h'ɛlpə(n)] *V/t*
Kan/Kun je me eens even **helpen**?

helfen
Kannst du mir mal eben helfen?

ⓘ Im Niederländischen ist „**helpen**" im Gegensatz zum Deutschen transitiv: Ik word al geholpen. (Mir wird schon geholfen.)

herinneren (aan) [hɛr'ɪnərə(n) (an)] *V/t, V/r*
Mag ik u er nog eens aan **herinneren** dat er morgen geen les is.

erinnern (an)
Darf ich Sie noch einmal daran erinnern, dass morgen kein Unterricht ist.

ⓘ Das reflexive „zich herinneren" wird im Niederländischen mit einem Akkusativobjekt verbunden: Ik kan me dat niet meer **herinneren**. (Ich kann mich nicht mehr daran erinnern.). Transitiv (jemanden an etwas erinnern) wird es auch im Niederländischen mit „aan" verbunden: Ik **herinner** je aan je belofte. (Ich erinnere dich an dein Versprechen.)

beloven [bəl'ovə(n)] *V/t*
Beloofd is beloofd!

versprechen
Versprochen ist versprochen!

de belofte [bəl'ɔftə] *f* *(-n und -s, o. Dim.)* — **das Versprechen**

Ik houd me altijd aan mijn **belofte**. — Ich halte mich immer an mein Versprechen.

(zich) verontschuldigen [zɪχ fərɔntsχ'ʏldəɤə(n)] *V/t, V/r* *Syn.:* (zich) excuseren — **(sich) entschuldigen**

Kan/Kunt u me even **veront-schuldigen**? Ik moet eventjes weg. — Könnten Sie mich kurz ent-schuldigen? Ich muss mal eben weg.

de verontschuldiging [vərɔntsχ'ʏldəɤɪŋ] *f* — **die Entschuldigung**

Zelfs al zou het kloppen, dan is het nog altijd geen **veront-schuldiging**. — Sogar, wenn es stimmen wür-de, ist es immer noch keine Entschuldigung.

de uitvlucht ['œytflʏχt] *f/m* *(-en, -je) Syn.:* de smoes — **die Ausrede**

Hij komt altijd te laat en hij heeft iedere keer een andere **uitvlucht**. — Er kommt immer zu spät, und er hat jedes Mal eine andere Ausrede.

volgen [v'ɔlɤə(n)] *V/t* — **folgen, verfolgen**

Kan/Kun je die man onopval-lend **volgen**? Ik zou willen weten waar hij woont. — Kannst du dem Mann unauf-fällig folgen? Ich möchte wis-sen, wo er wohnt.

storen [st'orə(n)] *V/t* — **stören**

Mag ik u even **storen**? — Darf ich Sie kurz stören?

stil [stɪl] *Adj., Adv. (-le, -ler, -st)* — **ruhig, leise, still**

Kunnen jullie iets **stiller** zijn? Ik kan me niet concentreren. — Könntet ihr etwas leiser sein? Ich kann mich nicht konzent-rieren.

zwijgen [zw'ɛiɤə(n)] *V/i* — **schweigen**

Hij **heeft** de hele tijd **gezwe-gen**. Waarom zegt hij niets? — Er hat die ganze Zeit ge-schwiegen. Warum sagt er nichts?

de stilte [st'ɪltə] *f* *(-n, o. Dim.)* — **die Stille, die Ruhe**

Stilte alstublieft! Ik probeer te werken. — Ruhe bitte! Ich versuche zu arbeiten.

SPRACHE UND SPRECHABSICHTEN

spreken [spr'ekə(n)] *V/t, V/i*
Ik versta u niet. Kan/Kunt u iets harder **spreken**?

sprechen, reden
Ich verstehe Sie nicht. Könnten Sie etwas lauter sprechen?

praten [pr'atə(n)] *V/i*
Waarover **hebben** jullie gisteravond **gepraat**?

reden, sprechen
Worüber habt ihr gestern Abend geredet?

het gesprek [ɣəspr'ɛk] *n (-ken, -je)*
Ik had net een heel interessant **gesprek** met je leraar...

das Gespräch
Ich hatte gerade ein sehr interessantes Gespräch mit deinem Lehrer...

zeggen [z'ɛɣə(n)] *V/t*
En? Wat **heeft** hij **gezegd**?

sagen
Und? Was hat er gesagt?

vertellen [vərt'ɛlə(n)] *V/t*
Hij **heeft** me **verteld** dat je soms nogal lui bent.

erzählen, sagen, mitteilen
Er hat mir erzählt, dass du manchmal ziemlich faul bist.

roepen [r'upə(n)] *V/t, V/i*
Het eten is klaar. Kan/Kun je vader even **roepen**?

rufen
Das Essen ist fertig. Kannst du Vater mal rufen?

schreeuwen [sχr'ewə(n)] *V/i*
Je hoeft niet zo te **schreeuwen**, ik ben niet doof!

schreien, rufen
Du brauchst nicht so zu schreien, ich bin nicht taub!

de schreeuw [sχrew] *m (-en, -tje)*
Eerst hoorde ik een knal, dan een **schreeuw** en dan niets meer...

der Schrei
Zuerst hörte ich einen Knall, dann einen Schrei und dann nichts mehr...

het woord [wort] *n (-en, -je)*
Zijn er nog **woorden** die jullie niet verstaan?

das Wort
Gibt es noch Wörter, die ihr nicht versteht?

spellen [sp'ɛlə(n)] *V/t*
Hoe schrijf je dat woord? Kan/Kun je het eens even **spellen**?

buchstabieren
Wie schreibt man das Wort? Könntest du es mal eben buchstabieren?

vragen [vr'aɣə(n)] *V/t, V/i* — **fragen**
Als je iets niet begrijpt, mag je het gerust **vragen**. — Wenn du etwas nicht verstehst, darfst du ruhig fragen.

de vraag [vraχ] *f/m* *(vragen, -je)* — **die Frage**
Waarom stel je altijd zo moeilijke **vragen**? — Warum stellst du immer so schwierige Fragen?

antwoorden ['ɑntwordə(n)] *V/t, V/i* — **antworten**
Je hoeft niet te **antwoorden** als je niet wilt. — Du brauchst nicht zu antworten, wenn du nicht möchtest.

het antwoord ['ɑntwort] *n* *(-en, -je)* — **die Antwort**
Ik heb nog altijd geen duidelijk **antwoord** op mijn vraag gekregen. — Ich habe immer noch keine deutliche Antwort auf meine Frage bekommen.

tonen [t'onə(n)] *V/t* — **zeigen**
Hij **toonde** me een paar oude foto's. — Er zeigte mir ein paar alte Bilder.

de informatie [ɪnfɔrm'a(t)si] *f* *(-s, -tje) Syn.:* de inlichting — **die Information(en), die Auskunft**
Heeft/Hebt u misschien wat **informatie** over de bezienswaardigheden in de stad? — Haben Sie vielleicht ein paar Informationen über Sehenswürdigkeiten in der Stadt?

het nieuws [niws] *n (o. Pl. und Dim.)* — **die Nachricht(en), die Neuigkeit(en)**
's Avonds kijken we altijd naar het **nieuws** op televisie. — Abends schauen wir uns immer die Nachrichten im Fernsehen an.

het nieuwtje [n'iwcə] *n (-s)* — **die Neuigkeit**
Ik heb een paar **nieuwtjes** die je vast wel zullen interesseren... — Ich habe ein paar Neuigkeiten, die dich bestimmt interessieren werden.

berichten [bər'ɪχtə(n)] *V/t* *Syn.:* melden — **berichten, melden**
Na zijn lange reis heeft hij een heleboel te **berichten**. — Nach seiner langen Reise hat er eine Menge zu berichten.

het bericht [bər'ɪχt] *n (-en, -je)* In de krant stond een uitvoerig **bericht** over de tentoonstelling.	**der Bericht** In der Zeitung stand ein ausführlicher Bericht über die Ausstellung.
de reportage [rəpɔrt'aʒə] *f (-s, -tje)* Vorige week heb ik op televisie een interessante **reportage** gezien.	**die Reportage** Letzte Woche habe ich im Fernsehen eine interessante Reportage gesehen.
uitleggen ['œytlɛɣə(n)] *V/t* Het is niet moeilijk, ik zal het je even **uitleggen**.	**erklären** Es ist nicht schwierig, ich werde es dir kurz erklären.
betekenen [bət'ekənə(n)] *V/t* Weet jij wat dit rare teken **betekent**?	**bedeuten** Weißt du, was dieses komische Zeichen bedeutet?
de betekenis [bət'ekənɪs] *f (-sen, -jes)* Ken jij de **betekenis** van dit woord?	**die Bedeutung, der Sinn** Kennst du die Bedeutung dieses Wortes?
de tip [tɪp] *m (-s, -je)* Dank u voor de **tip**!	**der Tipp, der Hinweis** Danke für den Hinweis!
het advies [ɑtf'is] *n (adviezen, -je)* Mag ik iemand om **advies** vragen?	**der Rat, der Ratschlag, die Beratung** Darf ich jemanden um Rat bitten?

---

de mening [m'enɪŋ] *f (-en, meninkje)* Ik ben van **mening** dat we iets moeten ondernemen.	**die Meinung, die Ansicht** Ich bin der Meinung, dass wir etwas unternehmen sollten.
menen [m'enə(n)] *V/t Syn.:* bedoelen Hoe **meen** je dat eigenlijk?	**meinen, sagen wollen, ernst meinen** Wie meinst du das eigentlich?
voor [vor] *Präp. Syn.:* pro Ik ben **voor** de emancipatie van de man.	**für, pro** Ich bin für die Emanzipation des Mannes.

tegen [t'eɣə(n)] *Präp. Syn.:* contra — **gegen, contra**
Ben jij voor of **tegen** de doodstraf? — Bist du für oder gegen die Todesstrafe?

ja [ja] *Interj.* — **ja**
Was dat nu een **ja** of een nee? — War das jetzt ein Ja oder ein Nein?

natuurlijk [nat'yrlək] *Adv.* — **natürlich, gewiss, klar**
Je mag **natuurlijk** ook langer blijven. — Du darfst natürlich auch länger bleiben.

nee(n) [ne(n)] *Interj.* — **nein**
Heb je honger? – **Nee**, dank je wel. — Hast du Hunger? – Nein, danke.

Oft wirkt es unhöflich, wenn man eine Frage nur mit einem kurzen ***Ja*** oder ***Nee*** beantwortet. Statt dessen sagt man im Niederländischen oft: „**Ja, eigenlijk wel**" oder „**Nee, eigenlijk niet**". Damit ist – im Gegensatz zum Deutschen – keine Einschränkung verbunden, sondern das Gesagte wird bekräftigt: Heb je zin om iets te gaan eten? – Ja, eigenlijk wel. (sinngemäß: Hast du Lust, etwas essen zu gehen? – Ja, gerne.)

niet [nit] *Adv.* — **nicht**
Ben je **niet** moe na die lange reis? — Bist du nicht müde nach der langen Reise?

juist [jœyst] *Adj., Adv. (-e, -er, meest juist) Syn.:* correct — **richtig, wahr, korrekt**
Jullie moeten de **juiste** antwoorden aankruisen. — Ihr sollt die richtigen Antworten ankreuzen.

waar [war] *Adj. (ware, -der, -st)* — **wahr, richtig**
Dat is niet **waar**, je liegt! — Das ist nicht wahr, du lügst!

de waarheid [w'arhɛit] *f (waarheden, -je)* — **die Wahrheit**
Ik lieg niet, ik vertel de **waarheid**! — Ich lüge nicht, ich erzähle die Wahrheit!

gelijk hebben [ɣəl'ɛik h'ɛbə(n)] *V/i* — **Recht haben**
Ik heb het nog eens nagekeken en je **hebt** inderdaad **gelijk**. — Ich habe es noch einmal überprüft, und du hast tatsächlich Recht.

toegeven [t'uɣevə(n)] *V/t* Vaders kunnen nooit **toegeven** dat ze ongelijk hebben.	**zugeben** Väter können nie zugeben, dass sie Unrecht haben.
ontkennen [ɔntk'ɛnə(n)] *V/t* Je kan/kunt het niet **ontkennen**. We hebben een getuige.	**leugnen** Du kannst es nicht leugnen. Wir haben einen Zeugen.
verkeerd [vərk'ert] *Adj., Adv.* *(-e, -er, -st) Syn.:* fout, mis Het spijt me, maar u bent **verkeerd** verbonden.	**falsch** Es tut mir Leid, aber Sie sind falsch verbunden.
de fout [faut] *f/m (-en, -je)* Hoeveel **fouten** heb jij gemaakt?	**der Fehler** Wie viele Fehler hast du gemacht?
zich vergissen [zɪχ fərɣ'ɪsə(n)] *V/r* Okay, ik geef het toe, ik **heb me vergist**.	**sich irren** O.k., ich gebe es zu, ich habe mich geirrt.
ongelijk hebben ['ɔŋɣəlɛik h'ɛbə(n)] *V/i* En wat gebeurt er als je **ongelijk hebt**?	**Unrecht haben** Und was passiert, wenn du Unrecht hast?

het bewijs [bəw'ɛis] *n (bewijzen, -je)* De politie heeft nog altijd geen **bewijs** dat hij de dader is.	**der Beweis, der Nachweis** Die Polizei hat immer noch keinen Beweis, dass er der Täter ist.
bewijzen [bəw'ɛizə(n)] *V/t* Kan/Kun je **bewijzen** wat je zegt?	**beweisen** Kannst du beweisen, was du sagst?
zeker [z'ekər] *Adj., Adv.* *(-e, -der, -st)* Ik weet **zeker** dat die sleutels hier gisteren nog lagen!	**sicher, gewiss, bestimmt** Ich bin mir sicher, dass die Schlüssel hier gestern noch lagen.
aannemen ['anemə(n)] *V/t* *Syn.:* vermoeden Ik **neem aan** dat je vorige week ziek was?	**annehmen** Ich nehme an, dass du letzte Woche krank warst?

veronderstellen [vərɔndərst'ɛlə(n)] *V/t* — **sich (etwas) vorstellen, annehmen, davon ausgehen**
Veronderstel dat je de lotto zou winnen. Wat zou je dan met al dat geld doen? — Stell dir vor, du würdest im Lotto gewinnen. Was würdest du mit dem vielen Geld tun?

schijnen [sχ'ɛinə(n)] *V/i* — **scheinen**
Hij **schijnt** een heel goede leraar te zijn. — Er scheint ein sehr guter Lehrer zu sein.

waarschijnlijk [warsχ'ɛinlək] *Adj., Adv. (-e, -er, -st)* — **wahrscheinlich, plausibel**
Zijn argumenten klinken niet echt **waarschijnlijk**. — Seine Argumente hören sich nicht sehr plausibel an.

vermoedelijk [vərm'udələk] *Adj., Adv. (-e, -er, -st)* — **vermutlich**
Vader staat **vermoedelijk** in de file. — Vater steht vermutlich im Stau.

mogelijk [m'oɤələk] *Adj., Adv. (-e)* — **möglich**
Het is heel goed **mogelijk** dat je dat niet weet. — Es ist sehr gut möglich, dass du das nicht weißt.

misschien [mɪsχ'in] *Adv.* — **vielleicht**
Wanneer vertrek je? – Ik weet het niet, **misschien** morgen. — Wann fährst du los? – Ich weiß nicht, vielleicht morgen.

onmogelijk [ɔnm'oɤələk] *Adj., Adv. (-e)* — **unmöglich**
Die oefening kan/kun je **onmogelijk** alleen opgelost hebben. — Die Übung kannst du unmöglich alleine gelöst haben.

kiezen [k'izə(n)] *V/t, V/i Syn.:* uitzoeken, uitkiezen — **(aus)wählen, aussuchen**
Wat wil je voor je verjaardag? Je mag zelf iets **kiezen**. — Was möchtest du zum Geburtstag? Du darfst dir selbst etwas aussuchen.

verkiezen [vərk'izə(n)] *V/t Syn.:* prefereren — **vorziehen, lieber mögen**
Lust je liever vlees of vis? Ik **verkies** zelf vlees. — Magst du lieber Fleisch oder Fisch? Ich ziehe selbst Fleisch vor.

goed [ɤut] *Adj., Adv. (-e, beter, best)* — **gut**
Dat is een heel **goed** idee! — Das ist eine sehr gute Idee!

beter [b'etər] *Adj., Adv. (-e)* Ik voel me vandaag al iets **beter** dan gisteren.	**besser** Ich fühle mich heute schon etwas besser als gestern.
best [bɛst] *Adj., Adv. (-e)* Dat is het **beste** restaurant dat ik ken.	**beste(r, -s), am besten** Dies ist das beste Restaurant, das ich kenne.
leuk [løk] *Adv. (-e, -er, -st)* Het was echt een heel **leuke** avond.	**schön, nett, toll** Es war wirklich ein sehr schöner Abend.
uitstekend ['œytstekənt] *Adj., Adv. (-e, -er, -st) Syn.:* voortreffelijk Je kan/kunt **uitstekend** koken. Waar heb je dat geleerd?	**ausgezeichnet, hervorragend** Du kannst ausgezeichnet kochen. Wo hast du das gelernt?
geweldig [ɣəw'ɛldəχ] *Adj., Adv. (-e, -er, -st) Syn.:* tof, fantastisch, heerlijk, schitterend, zalig Zo een **geweldig** feest heb ik allang niet meer meegemaakt!	**groß, großartig, toll, wunderbar, wundervoll** So ein großartiges Fest habe ich schon lange nicht mehr erlebt!
slecht [slɛχt] *Adj., Adv. (-e, -er, -st)* Het spijt me dat ik je niet gebeld heb. Ik heb een heel **slecht** geweten.	**schlecht** Es tut mir Leid, dass ich dich nicht angerufen habe. Ich habe ein sehr schlechtes Gewissen.
erg [ɛrχ] *Adj., Adv. (-e, -er, -st)* Waarom huil je? Is er iets **ergs** gebeurd?	**schlimm** Warum weinst du? Ist etwas Schlimmes passiert?
verschrikkelijk [vərsχr'ɪkələk] *Adj., Adv. (-e, -er, -st) Syn.:* afschuwelijk Ik had vannacht een **verschrikkelijke** nachtmerrie.	**furchtbar, schrecklich** Ich hatte heute Nacht einen furchtbaren Albtraum.
interessant [ɪntərɛs'ɑnt] *Adj., Adv. (-e, -er, -st)* Gisteren was er een **interessante** reportage over België op de televisie.	**interessant** Gestern gab es eine interessante Reportage über Belgien im Fernsehen.

belangrijk [bəl'ɑŋrɛik] *Adj., Adv. (-e, -er, -st)* — **wichtig**
We hebben vanmiddag een **belangrijke** vergadering. — Wir haben heute Mittag eine wichtige Sitzung.

onbelangrijk [ɔmbəl'ɑŋrɛik] *Adj., Adv. (-e, -er, -st)* — **unwichtig**
Voor zo **onbelangrijke** zaken heb ik geen tijd. — Für solch unwichtige Sachen habe ich keine Zeit.

waardevol [w'ardəvɔl] *Adj., Adv. (-le, -ler, -st)* — **wertvoll**
Ik heb een paar heel **waardevolle** postzegels. — Ich habe ein paar sehr wertvolle Briefmarken.

nuttig [n'ʏtəχ] *Adj., Adv. (-e, -er, -st) Syn.:* bruikbaar — **nützlich, praktisch**
In plaats van stripverhalen te lezen kan/kun je je tijd beter **nuttig** besteden. — Statt Comic-Hefte zu lesen, kannst du deine Zeit sinnvoller verwenden.

het nut [nʏt] *n (o. Pl. und Dim.)* — **der Nutzen**
Waarom zou ik helpen? Je ziet er zelf het **nut** niet van in. — Warum sollte ich helfen? Du siehst selbst den Nutzen nicht ein.

gemakkelijk [ɣəm'ɑkələk] *Adj., Adv. (-e, -er, -st) Syn.:* makkelijk, simpel, eenvoudig — **leicht, einfach**
Dat is geen **gemakkelijke** vraag. — Das ist keine einfache Frage.

moeilijk [m'ujlək] *Adj., Adv. (-e, -er, -st)* — **schwierig, schwer**
Was het examen heel **moeilijk**? — War die Prüfung sehr schwer?

raar [rar] *Adj., Adv. (rare, -der, -st)* — **komisch, merkwürdig, seltsam, eigenartig**
Waarom gedraag je je zo **raar** vandaag? — Warum benimmst du dich so komisch heute?
Hij heeft een heel **rare** smaak. — Er hat einen ganz seltsamen Geschmack.

te [tə] *Adv.* — **zu**
Jullie zijn alweer **te** laat. — Ihr seid schon wieder zu spät!

laten [l'atə(n)] *V/t*
Laat me toch eindelijk met rust!

lassen
Lass mich doch endlich in Ruhe!

toestaan [t'ustan] *V/t Syn.:* toelaten (v. a. in Flandern)
Staat u me **toe** dat ik u even onderbreek.

erlauben, gestatten, zulassen
Erlauben Sie mir, dass ich Sie kurz unterbreche.

mogen [m'oɣə(n)] *V/t*
Ik heb je toch al gezegd dat je hier niet **mag** roken.

dürfen
Ich habe dir doch schon gesagt, dass du hier nicht rauchen darfst!

---

bevelen [bəv'elə(n)] *V/t*
Ik wilde het niet doen, hij heeft me het **bevolen**.

befehlen, Anweisung geben
Ich wollte es nicht tun, er hat es mir befohlen!

het bevel [bəv'ɛl] *n (-en, -letje)*
Dat was geen verzoek, dat was een **bevel**!

der Befehl, die Anweisung
Das war keine Bitte, das war ein Befehl!

willen [w'ɪlə(n)] *V/t*
Ach, doe toch wat je **wilt**!
Wil er nog iemand een kopje koffie?

wollen, mögen (Konj. II), (sich) wünschen
Ach, tu doch, was du willst!
Möchte noch jemand eine Tasse Kaffee?

verzoeken [vərz'ukə(n)] *V/t*
Mag ik u **verzoeken** iets rustiger te zijn?

bitten, ersuchen
Darf ich Sie bitten, etwas leiser zu sein?

het verzoek [vərz'uk] *n (-en, -je)*
Het examen werd op **verzoek** van de klas verschoven.

die Bitte, das Ersuchen
Die Prüfung wurde auf Bitten der Klasse verschoben.

Hallo! [hal'o] *Interj.*

Hallo!

Hoi! [hɔj] *Interj.*

Grüß dich!
(informelle Begrüßungsformel, v.a. bei Jugendlichen)

Goedendag! [ɣudə(n)d'ɑχ] *Interj.*
(Goeiendag!) [ɣujə(n)d'ɑχ]
Dag! [dɑχ] *Interj.*
Dáág! [daχ] *Interj.*

Guten Tag!

Goedemorgen! [ɣudəm'ɔrɣə(n)] **(Goeiemorgen!)** [ɣujəm'ɔrɣə(n)] **Goedemiddag!** [ɣudəm'ɪdaχ] **(Goeiemiddag!)** [ɣujəm'ɪdaχ] **Goedenavond!** [ɣudə(n)'avɔnt] **(Goeienavond!)** [ɣujə(n)'avɔnt]	**Guten Morgen!, Guten Tag!, Guten Abend!** (Übliche Begrüßungs- und Verabschiedungsformeln, abhängig von der Tageszeit)
Goedenacht! [ɣudən'aχt] *Interj.* **(Goeienacht!)** [ɣujən'aχt]	**Gute Nacht!** (Übliche Formel beim Schlafengehen)
Tot ziens! [tɔt sins] *Interj.*	**Auf Wiedersehen!** (Formelle Verabschiedungsformel)
Bye! [baːj] *Interj. Syn.: Ciao!, Doeg!, Doei!*	**Tschüs!** (Übliche Verabschiedungsformel)
mevrouw [məvr'au] *f (-en, -tje)* **Mevrouw** Dewinter is vandaag ziek.	**die Frau** *(als Anrede oder verbunden mit einem Namen)* Frau Dewinter ist heute krank.
meneer [mən'er] *m (meneren, -tje)* **Meneer** Verbruggen verwacht u al.	**der Herr** *(als Anrede oder verbunden mit einem Namen)* Herr Verbruggen erwartet Sie schon.

ⓘ Im Deutschen ist es etwas problematisch, jemanden anzusprechen, dessen Namen man nicht kennt. Im Niederländischen sagt man einfach „**mevrouw**" für eine Dame oder „**meneer**" für einen Herrn: **Mevrouw**, kan/kunt u me even helpen? (Meine Dame, können Sie mir kurz helfen?), **Meneer**, mag ik u even storen? (Mein Herr, darf ich Sie kurz stören?). Die niederländische Anrede „mevrouw" oder „meneer" ist völlig normal und klingt nicht so gekünstelt wie das deutsche „Meine Dame" oder „Mein Herr". Die früher übliche Anrede „**mejuffrouw**" (Fräulein) wird heutzutage nur noch in Anschriften verwendet.

Hoe gaat het met u? *Syn.:* Hoe maakt u het?	**Wie geht es Ihnen?**
Goed, dank u.	**Danke, gut.**

En hoe gaat het met u?	Und wie geht es Ihnen?
Sorry? Pardon?	Entschuldigung? Wie bitte?
Excuseer. Excuseert u me. Neem me niet kwalijk. Neemt u me niet kwalijk.	Entschuldigung ...
Het spijt me.	Es tut mir Leid.
Wat zei u?	Was sagten Sie?, Wie bitte?
Dank u (wel).	Danke., Ich danke Ihnen.

Oft hört man auch einfach „**bedankt**". Das wird in einigen Gegenden allerdings ironisch aufgefasst.

Hartelijke dank.	Herzlichen Dank!
Graag gedaan.	Gern geschehen.
Geen dank!	Keine Ursache!
Komt u (maar/toch) binnen!	Bitte, kommen Sie herein!
Gaat u (maar/toch) zitten.	Bitte, nehmen Sie Platz.
Ik zou graag ...	Ich möchte ...
Kan ik ...	Kann ich ...?, Könnte ich ...?
Kan/Kunt u ...?	Können Sie ...?, Könnten Sie ...?
Hoeveel kost(en) ...	Was kostet/kosten ...?
Bedien u zelf.	Bedienen Sie sich!
Wilt u ...?	Möchten Sie ...?
Ja, graag.	Ja, bitte.
Nee, dank u.	Nein, danke.
Ik denk van wel.	Ich glaube, ja.
Ik hoop van wel.	Ich hoffe, ja.

Wat is er aan de hand? — **Was ist los?**

Wel ... — **Nun!, Also!**

Het geeft niet. — **Schon gut. Mach dir nichts daraus!**

In orde! — **In Ordnung!**

DER MENSCH UND DIE GESELLSCHAFT

noemen [n'umə(n)] *V/t* — **nennen**
Hoe **noem** je iemand die geen vlees eet? — Wie nennt man jemanden, der kein Fleisch isst?

heten [h'etə(n)] *V/i* — **heißen**
Hoe **heet** jullie poes? — Wie heißt eure Katze?

de naam [nam] *m (namen, -pje)* — **der Name**
Kan/Kunt u uw **naam** even spellen? — Könnten Sie Ihren Namen kurz buchstabieren?

de familienaam [fam'ilinam] *m (familienamen, -pje) Syn.:* de naam, de achternaam — **der Familienname, der Nachname**
Vele getrouwde vrouwen nemen de **familienaam** over van hun man. — Viele verheiratete Frauen übernehmen den Familiennamen ihres Mannes.

de leeftijd [l'eftɛit] *m (-en, -je)* — **das Alter**
Op jouw **leeftijd** woonde ik nog bij mijn ouders. — In deinem Alter lebte ich noch bei meinen Eltern.

de baby [b'ebi] *m (-'s, -'tje) Syn.:* het kleintje, de zuigeling — **das Baby, der Säugling**
Mijn zus heeft gisteren een **baby'tje** gekregen. — Meine Schwester hat gestern ein Baby bekommen.

het kind [kɪnt] *n (-eren, -je)* — **das Kind**
Ze hebben drie **kinderen**: twee dochters en één zoon. — Sie haben drei Kinder: zwei Töchter und einen Sohn.

het meisje [m'ɛiʃə] *n (-s)* — **das Mädchen**
Vroeger mochten **meisjes** niet voetballen, nu wel. — Früher durften Mädchen nicht Fußball spielen, jetzt schon.

de jongen [j'ɔŋə(n)] *m (-s, jongetje)*	**der Junge**
Hij ziet er uit als een meisje, maar hij is een **jongen**.	Er sieht aus wie ein Mädchen, aber er ist ein Junge.
de jeugd [jøχt] *f/m (-en, o. Dim.)*	**die Jugend**
In mijn **jeugd** hield ik vooral van lezen.	In meiner Jugend liebte ich vor allem das Lesen.
de vrouw [vrɑu] *f (-en, -tje)*	**die Frau**
En wie is die knappe **vrouw** naast je op de foto?	Und wer ist die hübsche Frau neben dir auf dem Bild?
de man [mɑn] *m (-nen, -netje)*	**der Mann**
Tegenwoordig mogen **mannen** ook huilen, vroeger niet.	Heutzutage dürfen Männer auch weinen, früher nicht.
de dame [d'amə] *f (-s, -tje)*	**die Dame**
Die oude **dame**, van wie je net sprak, is toevallig wel mijn moeder.	Die alte Dame, von der du gerade gesprochen hast, ist zufällig meine Mutter!
de gentleman [dʒ'ɛntəlmɛn] *m (gentlemen, o. Dim.)*	**der Gentlemen**
Als je een **gentleman** wil zijn, moet je je ook zo gedragen.	Wenn du ein Gentlemen sein willst, musst du dich auch so benehmen.

---

de familie [fam'ili] *f (-s, -tje)*	**die Familie, die Verwandtschaft**
Vandaag komt de **familie** van mijn vrouw op bezoek.	Heute kommt die Familie meiner Frau zu Besuch.
het gezin [ɤəz'ɪn] *n (-nen, -netje)*	**die Familie (Vater, Mutter und Kinder)**
Hij woont met zijn **gezin** in een klein dorpje.	Er wohnt mit seiner Familie in einem kleinen Dorf.

ℹ Unter „het **gezin**" versteht man den Ehegatten/die Ehegattin und die eigenen Kinder. Der Familienvorstand ist „het **gezinshoofd**".

de ouders ['ɑudərs] *Pl. (oudertjes)*	**die Eltern**
Woon jij nog altijd bij je **ouders**?	Wohnst du immer noch bei deinen Eltern?
de moeder [m'udər] *f (-s, -tje)*	**die Mutter**
Is dat je **moeder** of je zus?	Ist das deine Mutter oder deine Schwester?

de vader [v'adər] *m (-s, -tje)*
Zijn **vader** werkt in een groot ziekenhuis.

der Vater
Sein Vater arbeitet in einem großen Krankenhaus.

de dochter [d'ɔχtər] *f (-s, -tje)*
Mijn **dochter** is vorige week getrouwd met een Duitser.

die Tochter
Meine Tochter hat letzte Woche einen Deutschen geheiratet.

de zoon [zon] *m (-s und zonen, -tje)*
Onze oudste **zoon** studeert scheikunde.

der Sohn
Unser ältester Sohn studiert Chemie.

de broer [brur] *m (-s, -tje)*
Zijn **broer** lijkt heel sterk op zijn vader.

der Bruder
Sein Bruder ähnelt seinem Vater sehr.

de zus [zʏs] *f (-sen, -je) Syn.:* de zuster
Ik heb nog een grote broer en een klein **zusje**.

die Schwester
Ich habe noch einen großen Bruder und eine kleine Schwester.

de tante [t'ɑnte] *f (-s, -tje)*
De zuster van mijn moeder is mijn **tante**.

die Tante
Die Schwester meiner Mutter ist meine Tante.

de oom [om] *m (-s, -pje) Syn.:* de nonkel (Flandern)
Morgen komen mijn tante en mijn **oom** op bezoek.

der Onkel
Morgen kommen meine Tante und mein Onkel zu Besuch.

de neef [nef] *m (neven, -je)*
Mijn zus heeft een kindje gekregen. Nu heb ik al twee **neefjes**.

der Cousin, der Neffe
Meine Schwester hat ein Baby bekommen. Jetzt habe ich schon zwei Neffen.

de nicht [nɪχt] *f (-en, -je)*
Mijn **nicht** studeert Germaanse talen.

die Cousine, die Nichte
Meine Cousine studiert Germanistik.

ℹ Ob der Cousin oder der Neffe bzw. die Cousine oder die Nichte gemeint ist, muss aus dem Zusammenhang deutlich werden. Oft wird vom Neffen bzw. von der Nichte in der Diminutivform gesprochen (mijn **neefje**, mijn **nichtje**).

de grootouders [ɣr'otaudərs] *Pl. (grootoudertjes)* — **die Großeltern**

Op die foto zie je mij en mijn **grootouders**. — Auf diesem Foto siehst du mich und meine Großeltern.

de grootvader [ɣr'otfadər] *m (-s, -tje) Syn.:* de opa — **der Großvater, der Opa**

de grootmoeder [ɣr'otmudər] *f (-s, -tje) Syn.:* de oma — **die Großmutter, die Oma**

het kleinkind [kl'ɛinkɪnt] *n (-eren, -je)* — **das Enkelkind**

de kleinzoon [kl'ɛinzon] *m (-s, -tje)* — **der Enkel, der Enkelsohn**

de kleindochter [kl'ɛindɔχtər] *f (-s, -tje)* — **Enkeltochter**, **Enkelin** *f*

getrouwd [ɣətr'auwt] *Adj. (-e) Syn.:* gehuwd — **verheiratet**

Bent u **getrouwd**? – Nee, ik ben nog gelukkig. — Sind Sie verheiratet? – Nein, ich bin noch glücklich.

de echtgenote ['ɛχtχənotə] *f (-n, echtgenootje)* — **die Ehefrau, die Gattin**

Meneer Smeds, komt uw **echtgenote** ook mee? — Herr Smeds, kommt Ihre Gattin auch mit?

de echtgenoot ['ɛχtχənot] *m (echtgenoten, -je)* — **der Ehemann, der Gatte**

Haar **echtgenoot** is naar het schijnt erg rijk. — Ihr Gatte ist, wie es scheint, sehr reich.

---

privé [priv'e] *Adj., Adv. Syn.:* persoonlijk — **privat, Privat...**

Daarover wil ik niet spreken, dat is te **privé**. — Darüber möchte ich nicht sprechen, das ist zu privat.

openbaar [opəmb'ar] *Adj., Adv. (openbare)* — **öffentlich**

Je mag gerust meekomen, het is een **openbare** vergadering. — Du kannst ruhig mitkommen, es ist eine öffentliche Sitzung.

de openbaarheid [opəmb'arhɛit] *f (openbaarheden, o. Dim.)* *Syn.:* de publiciteit, het publiek — **die Öffentlichkeit**
Hij gaf zijn schuld eindelijk in alle **openbaarheid** toe. — Er gab seine Schuld endlich in aller Öffentlichkeit zu.

de mens [mɛns] *m (-en, -je)* — **der Mensch, die Leute**
Het interesseert me niet wat de **mensen** denken. — Es interessiert mich nicht, was die Leute denken.

de maatschappij [matsχɑp'ɛi] *f (-en, -tje)* *Syn.:* de samenleving, de gemeenschap — **die Gesellschaft**
Homoseksualiteit is geen probleem meer in de huidige **maatschappij**. — Homosexualität ist in der heutigen Gesellschaft kein Problem mehr.

gemeenschappelijk [ɣəmensχ'ɑpələk] *Adj., Adv. (-e)* — **gemeinsam**
We hebben weinig **gemeenschappelijke** interesses. — Wir haben wenig gemeinsame Interessen.

het gezelschap [ɣəz'ɛlsχɑp] *n (-pen, -je)* — **die Gesellschaft**
Misschien kan/kun je me een beetje **gezelschap** houden? — Vielleicht kannst du mir ein bisschen Gesellschaft leisten?

het lid [lɪt] *n (leden, -je)* — **das Mitglied**
Hij is **lid** van onze voetbalclub. — Er ist Mitglied unseres Fußballclubs.

de kerel [k'erəl] *m (-s, -tje)* — **der Kerl**
Wacht maar, **kereltje**, tot ik je te pakken krijg! — Warte bloß, Kerlchen, bis ich dich erwische!

de buur [byr] *m (buren, -tje)* — **der Nachbar**
Het interesseert me niet wat de **buren** zeggen. — Es interessiert mich nicht, was die Nachbarn sagen.

de vriend [vrint] *m (-en, -je)* *Fem.:* de vriendin — **der Freund**
Heb je een vaste **vriend**? — Hast du einen festen Freund?

de vreemdeling [vr'emdəlɪŋ] *m (-en, -etje)* — **der Fremde**
Je weet toch dat je niet met **vreemdelingen** mag spreken. — Du weißt doch, dass du nicht mit Fremden sprechen sollst.

de vijand [v'εijɑnt] *m (-en, -je)* *Fem.:* de vijandin — **der Feind**
Sinds hij me bedrogen heeft, zijn we de grootste **vijanden**. — Seit er mich betrogen hat, sind wir die größten Feinde.

---

de arbeider ['ɑrbεidər] *m (-s, -tje) Fem.:* de arbeidster — **der Arbeiter**
Zijn ouders zijn gewone **arbeiders**. — Seine Eltern sind einfache Arbeiter.

de boer [bur] *m (-en, -tje)* *Syn.:* de landbouwer *Fem.:* de boerin — **der Bauer, der Landwirt**
Wij halen onze aardappelen altijd direct bij de **boer**. — Wir holen unsere Kartoffeln immer sofort beim Bauern.

de bakker [b'ɑkər] *m (-s, -tje)* — **der Bäcker**
Loop even naar de **bakker** en haal een vers brood. — Lauf mal zum Bäcker und hol ein frisches Brot.

de slager [sl'aɣər] *m (-s, -tje)* *Syn.:* de beenhouwer (Flandern) — **der Fleischer, der Metzger**
Koop je bij de **slager** een halve kilo gehakt? — Kaufst du beim Metzger ein halbes Kilo Gehacktes?

de kok [kɔk] *m (-s, -je) Fem.:* de kokkin — **der Koch**
Zo goed heb ik allang niet meer gegeten. Hij is een uitstekende **kok**. — So gut habe ich schon lange nicht mehr gegessen. Er ist ein ausgezeichneter Koch.

---

arm [ɑrm] *Adj., Adv. (-e, -er, -st)* — **arm**
Ik heb geen geld, ik ben **arm**. — Ich habe kein Geld, ich bin arm.

rijk [rεik] *Adj., Adv. (-e, -er, -st)* — **reich**
Naar het schijnt zijn haar ouders heel **rijk**. — Wie es scheint, sind ihre Eltern sehr reich.

dienen [d'inə(n)] *V/t, V/i* — **dienen**
Waarmee kan ik u **dienen**? — Womit kann ich Ihnen dienen?

de dienst [dinst] *m (-en, -je)* — **der Dienst**
Klachten kan/kunt u bij de **klantendienst** ofgeven. — Beschwerden können Sie beim Kundendienst einlegen.

het levensonderhoud [l'evə(n)səndərhaut] *n (o. Pl. und Dim.)* — **der Lebensunterhalt**

Hij verdient zo weinig dat hij net in zijn **levensonderhoud** kan voorzien. — Er verdient so wenig, dass er gerade seinen Lebensunterhalt bestreiten kann.

eigen ['ɛiɣə(n)] *Adj. (eigene)* — **eigene(r, -s)**

Dat is mijn balpen. Waarom gebruik je niet je **eigen**? — Das ist mein Kugelschreiber. Warum benutzt du nicht deinen eigenen?

---

maatschappelijk [matsχ'ɑpələk] *Adj. (-e) Syn.:* sociaal — **gesellschaftlich, Gesellschafts...**

Vanavond vindt er een discussie plaats over **maatschappelijke** ongelijkheid. — Heute Abend findet eine Diskussion über gesellschaftliche Ungleichheit statt.

de gewoonte [ɣəw'ontə] *f (-n, o. Dim.) Syn.:* het gebruik — **der Brauch, die Sitte**

Het is hier een oude **gewoonte** dat je bij een huwelijk rijst werpt. — Es ist hier ein alter Brauch, dass man bei einer Hochzeit Reis wirft.

de buurt [byrt] *f/m (-en, -je)* — **die Nachbarschaft, die Nähe, die Gegend**

Roep nog harder, dan weet de hele **buurt** het! — Ruf noch lauter, dann weiß es die ganze Nachbarschaft!

Is er hier ergens een apotheek in de **buurt**? — Ist hier irgendwo eine Apotheke in der Nähe?

ontmoeten [əntm'utə(n)] *V/t* — **(sich) treffen, begegnen**

Ik **heb** voordien nog een oude schoolvriend **ontmoet**. — Ich habe vorhin noch einen alten Schulfreund getroffen.

de ontmoeting [əntm'utɪŋ] *f (-en, ontmoetinkje)* — **das Treffen**

Na hun eerste **ontmoeting** gingen ze allebei gelukkig naar huis. — Nach ihrem ersten Treffen gingen sie beide glücklich nach Hause.

de vergadering [vərɣ'adərɪŋ] *f (-en, -etje)* — **die Sitzung, die Versammlung**

Op de **vergadering** werden enkele belangrijke beslissingen genomen. — Auf der Sitzung wurden einige wichtige Entscheidungen getroffen.

de afspraak [ˈɑfsprak] *m* *(afspraken, -je)* — **die Verabredung, der Termin**

Ik heb om tien uur een **afspraak** bij de dokter. — Ich habe um zehn Uhr einen Termin beim Doktor.

Bij zijn eerste **afspraakje** was hij erg nerveus. — Bei seiner ersten Verabredung war er sehr nervös.

ⓘ In der Bedeutung „Verabredung", „Date" verwendet man meistens die Diminutivform „het **afspraakje**". Stattdessen kann man auch „het **rendez-vous**" (*n*, rendez-vous, rendez-voustje) oder „de **date**" (*m*, -s, -tje) sagen: Dat was zijn eerste **rendez-vous**. (Das war seine erste Verabredung.)

uitnodigen [ˈœytnodəɣə(n)] *V/t* — **einladen**

Ik zou je graag **uitnodigen** voor een gezellig etentje. — Ich würde dich gerne zu einem gemütlichen Essen einladen.

bezoeken [bəzˈukə(n)] *V/t* — **besuchen**

We **hebben** hem gisteren in het ziekenhuis **bezocht**. — Wir haben ihn gestern im Krankenhaus besucht.

het bezoek [bəzˈuk] *n* *(-en, -je)* — **der Besuch**

Hij krijgt niet zo graag onverwacht **bezoek**. — Er bekommt nicht so gerne unerwarteten Besuch.

de gast [ɣɑst] *m (-en, -je)* — **der Gast**

We krijgen vanavond belangrijke **gasten** op bezoek. — Wir bekommen heute Abend wichtige Gäste zu Besuch.

ⓘ Ein weiblicher Gast, für den es im Deutschen in Zeiten der Emanzipation erstaunlicherweise immer noch keine Bezeichnung gibt, heißt „de **gaste**" (-s).

leiden [lˈɛidə(n)] *V/t* — **führen**

Hij **leidde** ons door de hele stad. — Er führte uns durch die ganze Stadt.

het feest [fest] *n (-en, -je)* *Syn.:* de fuif, de party — **die Fete, die Feier, die Party**

Als ik voor mijn examen slaag, vieren we een groot **feest**. — Wenn ich meine Prüfung bestehe, feiern wir eine große Party.

feliciteren [felisit'erə(n)] *V/t* — **gratulieren, beglückwünschen**

Hij heeft me nog niet eens **gefeliciteerd**... — Er hat mir noch nicht einmal gratuliert...

Van harte **gefeliciteerd** met je verjaardag! — Herzlichen Glückwunsch zu deinem Geburtstag!

het geschenk [ɣəsχ'ɛŋk] *n (-en, -je) Syn.:* het cadeau(tje) — **das Geschenk**

Heb je veel **geschenken** gekregen voor je verjaardag? — Hast du viele Geschenke bekommen zu deinem Geburtstag?

SCHICKSAL UND ZUFALL

gebeuren [ɣəb'ørə(n)] *V/i* — **geschehen, passieren**

Wat is er aan de hand? **Is** er iets **gebeurd**? — Was ist los? Ist etwas passiert?

veilig [v'ɛiləχ] *Adj., Adv. (-e, -er, -st) Syn.:* zeker — **sicher**

De mensen voelen zich **veiliger** als de politie in de buurt is. — Die Leute fühlen sich sicherer, wenn die Polizei in der Nähe ist.

de zekerheid [z'ekərhɛit] *f (zekerheden, -je)* — **die Sicherheit**

De kinderen konden in **zekerheid** gebracht worden. — Die Kinder konnten in Sicherheit gebracht werden.

het geluk [ɣəl'ʏk] *n (-ken, -je)* — **das Glück**

Hij heeft veel **geluk** gehad. — Er hat viel Glück gehabt.

redden [r'ɛdə(n)] *V/t* — **retten**

Vijfhonderd mensen konden worden **gered**. — Fünfhundert Leute konnten gerettet werden.

het succes [syks'ɛs] *n (-sen, -je)* — **der Erfolg**

Met haar boeken heeft ze **succes** bij jong en oud. — Mit ihren Büchern hat sie Erfolg bei Jung und Alt.

succesvol [syks'ɛsfɔl] *Adj., Adv. (-le, -ler, -st)* — **erfolgreich**

Ik hoop dat dit boek **succesvol** wordt. — Ich hoffe, dass dieses Buch erfolgreich wird.

slagen [sl'aɣə(n)] *V/i*
Ben je **geslaagd** voor je rijexamen?

bestehen, etwas schaffen
Hast du deine Fahrprüfung bestanden?

lukken [l'ʏkə(n)] *V/t*
Het **is** me niet **gelukt** hem te overtuigen.

gelingen
Es ist mir nicht gelungen, ihn zu überzeugen.

bekend [bək'ɛnt] *Adj., Adv. (-e, -er, -st)*
Is hij echt een **bekende** kunstenaar?

berühmt
Ist er wirklich ein bekannter Künstler?

de moeilijkheid [m'ujləkhɛit] *f (moeilijkheden, -je) Syn.:* het probleem
De **moeilijkheid** lag vooral in de lengte van de tekst.

die Schwierigkeit, das Problem
Die Schwierigkeit lag vor allem in der Länge des Textes.

het gevaar [ɣəv'ar] *n (gevaren, -tje)*
Hij wist niet eens dat hij de hele tijd in **gevaar** was.

die Gefahr
Er wusste nicht einmal, dass er die ganze Zeit in Gefahr war.

gevaarlijk [ɣəv'arlək] *Adj., Adv. (-e, -er, -st)*
Hier mag je niet zwemmen, dat is veel te **gevaarlijk**!

gefährlich
Hier darf man nicht schwimmen, das ist viel zu gefährlich!

verliezen [vərl'izə(n)] *V/t*
Ik krijg de deur niet open. Ik **heb** mijn sleutels **verloren**.

verlieren
Ich bekomme die Tür nicht auf. Ich habe meine Schlüssel verloren.

de brand [brɑnt] *m (-en, -je)*
Gelukkig kon de brandweer de **brand** snel blussen.

der Brand
Glücklicherweise konnte die Feuerwehr den Brand schnell löschen.

DER MENSCH UND SEIN ZUHAUSE

het huis [hœys] *n (huizen, -je)* — **das Haus**
Achter het **huis** lag een grote tuin. — Hinter dem Haus lag ein großer Garten.

Daneben kann das Wort „**huis**“ im Niederländischen auch für eine einzelne Wohnung verwendet werden: Wie past er op jullie **huis** als jullie weg zijn? (Wer passt auf euer Haus/eure Wohnung auf, wenn ihr weg seid?)

bouwen [b'ɑuwə(n)] *V/t* — **bauen**
Heb je dat helemaal alleen **gebouwd**? — Hast du das ganz alleine gebaut?

thuis [tœys] *Adv.* — **zu Hause**
Het spijt me, maar mijn man is niet **thuis**. — Es tut mir Leid, aber mein Mann ist nicht zu Hause.

het thuis [tœys] *n (o. Pl., -je)* — **das Zuhause, die Heimat**
Hij heeft geen **thuis** meer. — Er hat kein Zuhause mehr.

wonen [w'onə(n)] *V/i* — **wohnen, leben**
Hij **woont** nog altijd bij zijn ouders. — Er wohnt immer noch bei seinen Eltern.

leven [l'evə(n)] *V/i* — **leben**
Goethe **leefde** in de achttiende eeuw. — Goethe lebte im achtzehnten Jahrhundert.

de flat [flɛt], *Flandern* [flɑt] *m (-s, -je) Syn.:* het appartement — **das Apartment, das Appartement**
Hij heeft een **flatje** op de zevende verdieping. — Er hat ein Apartment auf der siebten Etage.

de woning [w'onɪŋ] *f (-en, woninkje)* — **die Wohnung**
Heeft hij een eigen **woning** of woont hij nog thuis? — Hat er eine eigene Wohnung oder wohnt er noch zu Hause?

Das Wort „woning“ kann im Niederländischen auch für ein ganzes Haus verwendet werden: „Dat is echt een mooie **woning**“ kann also sowohl „Das ist wirklich eine schöne Wohnung“ als auch „Das ist wirklich ein schönes Haus“ bedeuten.

de verdieping [vərd'ipɪŋ] *f (-en, verdiepinkje)* — **das Stockwerk, der Stock, die Etage, das Geschoss**
Op de hoeveelste **verdieping** woon je? — Auf der wievielten Etage wohnst du?

Das Erdgeschoss heißt „de **benedenverdieping**“ (f), „de **begane grond**“ (m) oder „de/het **parterre**“ (m/n): Hij woont op de **begane grond**. (Er wohnt im Erdgeschoss.) In Flandern hört man außerdem häufig „het **gelijkvloers**“ (n).

de kamer [k'amər] *f/m (-s, -tje)*	**das Zimmer**
Ik zoek een woning met vier **kamers**.	Ich suche eine Wohnung mit vier Zimmern.
de woonkamer [w'onkamər]	**das Wohnzimmer**
Vader zit in de **woonkamer** naar de televisie te kijken.	Vater sitzt im Wohnzimmer und sieht fern.
de slaapkamer [sl'apkamər]	**das Schlafzimmer**
En hier hebben we dan de **slaapkamer**.	Und hier haben wir dann das Schlafzimmer.
de keuken [k'økə(n)] *f/m (-s, -tje)*	**die Küche**
Alleen macho's beweren dat vrouwen in de **keuken** horen.	Nur Machos behaupten, dass Frauen in die Küche gehören.
de badkamer [b'ɑtkamər]	**das Bad, das Badezimmer**
De **badkamer** is boven, maar je kan/kunt je handen in de keuken wassen.	Das Badezimmer ist oben, aber du kannst dir die Hände in der Küche waschen.
de wc [wes'e] *f/m (-'s, -'tje)* *Syn.:* het toilet	**die Toilette**
Ik moet dringend naar de **wc**.	Ich muss dringend auf die Toilette.
de hal [hɑl] *f/m (-len, -letje)*	**die Diele**
Ik zoek nog een spiegel voor ons **halletje**.	Ich suche noch einen Spiegel für unsere Diele.
de kelder [k'ɛldər] *m (-s, -tje)*	**der Keller**
We kunnen niets in de **kelder** zetten, hij is te vochtig.	Wir können nichts in den Keller stellen, er ist zu feucht.
het dak [dɑk] *n (-en, -je)*	**das Dach**
Hij heeft een gezellige woning direct onder het **dak**.	Er hat eine gemütliche Wohnung direkt unter dem Dach.
de muur [myr] *m (muren, -tje)*	**die Mauer, die Wand**
Hij bouwde een hoge **muur** rond de tuin.	Er baute eine hohe Mauer um den Garten.

Das niederländische Wort „**muur**“ kann auch in der Bedeutung „Wand“ benutzt werden: Hij hing het schilderij aan de **muur**. (Er hängte das Bild an die Wand.) Stattdessen kann man aber auch „de **wand**“ (*m*, -en, -je) sagen: Aan de **wand** hingen kostbare schilderijen. (An der Wand hingen kostbare Gemälde.)

de vloer [vlur] *m (-en, -tje)* — **der (Fuß)Boden**
Je hoeft geen stoel te halen, ik zit wel op de **vloer**. — Du brauchst keinen Stuhl zu holen, ich sitze einfach auf dem Boden.

het raam [ram] *n (ramen, -pje)* *Syn.:* het venster — **das Fenster**
Als je door het **raam** kijkt, kan/kun je de tuin zien. — Wenn du durch das Fenster schaust, kannst du den Garten sehen.

de deur [dør] *f/m (-en, -tje)* — **die Tür**
De wc is hier om de hoek, de derde **deur** rechts. — Die Toilette ist hier um die Ecke, die dritte Tür rechts.

de poort [port] *f/m (-en, -je)* — **das Tor**
Hij reed de wagen in de garage en sloot de **poort**. — Er fuhr den Wagen in die Garage und schloss das Tor.

Das Tor beim Fußball heißt „het **doel**“ (*n*, doelen, doeltje) oder „de **goal**“ (*m*, -s, -tje): **Goal**! schreeuwde de presentator. („Tor!“, schrie der Moderator.)

de ingang [ˈɪnɣaŋ] *m (-en, -etje)* — **der Eingang**
Voor de **ingang** stond een groot standbeeld. — Vor dem Eingang stand eine große Statue.

de uitgang [ˈœytɣaŋ] *m (-en, -etje)* — **der Ausgang**
Het gebouw is zo groot. Ik vind de **uitgang** niet. — Das Gebäude ist so groß. Ich finde den Ausgang nicht.

de trap [trɑp] *m (-pen, -je)* — **die Treppe**
Ga maar langzaam. Ik wacht onder aan de **trap** op je. — Geh ruhig langsam. Ich warte unten an der Treppe auf dich.

de trede [trˈedə] *f/m (treden, treetje) Syn.:* de tree — **die Stufe**
Tel jij altijd de **treden** als je de trap neemt? — Zählst du immer die Stufen, wenn du die Treppe nimmst?

de lift [lɪft] *m (-en, -je)*
Ga je liever te voet of neem je de **lift**?

der Fahrstuhl, der Aufzug
Gehst du lieber zu Fuß oder nimmst du den Aufzug?

het licht [lɪχt] *n (-en, -je)*
's Avonds is het vroeg donker. Om vijf uur moeten we het **licht** al aandoen.

das Licht
Abends ist es früh dunkel. Um fünf Uhr müssen wir das Licht schon anmachen.

de verwarming [vərw'ɑrmɪŋ] *f (-en, verwarminkje)*
Ik vind het koud. Is de **verwarming** uit?

die Heizung
Ich finde es kalt. Ist die Heizung aus?

de tuin [tœyn] *m (-en, -je)*
Ik heb gisteren de hele dag in de **tuin** gewerkt.

der Garten
Ich habe gestern den ganzen Tag im Garten gearbeitet.

de garage [ɣar'aʒə] *f (-s, -tje)*
In de winter staat onze wagen meestal in de **garage**.
Ik breng de wagen vanmiddag naar de **garage** om hem te laten maken.

die Garage, die Werkstatt
Im Winter steht unser Wagen meist in der Garage.
Ich bringe den Wagen heute Mittag in die Werkstatt, um ihn reparieren zu lassen.

---

het meubel [m'øbəl] *n (-s und -en, -tje)*
We wonen nog maar pas samen, we hebben nog niet zoveel **meubelen**.

das Möbelstück
Wir wohnen erst seit kurzem zusammen, wir haben noch nicht so viele Möbel.

de tafel [t'afəl] *f/m (-s, -tje)*
De rekening ligt in de keuken op de **tafel**.

der Tisch
Die Rechnung liegt in der Küche auf dem Tisch.

ℹ Darüber hinaus wird „**tafel**“ auch beim Rechnen verwendet: „de **tafels** van vermenigvuldiging“ (das Einmaleins). Ken jij de **tafel** van zeven nog van buiten? (Kannst du die Siebenerreihe beim Einmaleins noch auswendig?)

het bureau [byr'o] *n (-s, -tje)*
De brief ligt hier ergens op mijn **bureau**.

der Schreibtisch
Der Brief liegt hier irgendwo auf meinem Schreibtisch.

de stoel [stul] *m (-en, -tje)*
Deze **stoelen** zijn erg gemakkelijk.

der Stuhl, der Sessel
Diese Stühle sind ziemlich bequem.

de fauteuil [fot'œy] *m (-s, -tje)* *Syn.:* de zetel (Flandern) — **der Sessel**
Vroeger hadden we thuis zo'n mooie oude **fauteuil**. — Früher hatten wir zu Hause so einen schönen, alten Sessel.

het bed [bɛt] *n (-den, -je)* — **das Bett**
Ik ben moe. Ik ga naar **bed**. — Ich bin müde. Ich gehe ins Bett.

de kast [kɑst] *f/m (-en, -je)* — **der Schrank**
Liggen er in de kast nog schone **hemden**? — Liegen im Schrank noch saubere Hemden?

de poot [pot] *m (poten, -je)* — **das Bein** (vom Möbelstück)
Ik ben met mijn knie tegen de tafel**poot** gestoten. — Ich bin mit dem Knie gegen das Tischbein gestoßen.

gemakkelijk [ɣəm'ɑkələk] *Adj. (-e, -er, -st)* *Syn.:* comfortabel — **bequem**
Dat is echt een **gemakkelijke** stoel... Was die duur? — Das ist wirklich ein bequemer Stuhl... War er teuer?

---

het ding [dɪŋ] *n (-en, -etje)* — **das Ding**
En toen wierp hij zo'n ... – hoe heet dat **ding** ook alweer? — Und dann warf er so ein ... – wie heißt das Ding nochmal?

de doos [dos] *f/m (dozen, -je)* — **der Karton, die Schachtel**
Hij stopte al zijn spulletjes in een grote kartonnen **doos**. — Er stopfte all seine Sachen in einen großen Pappkarton.

ⓘ Es sieht nicht nur verwirrend aus, es ist es sogar: Die deutsche Pappe heißt auf Niederländisch „het **karton**“ (n, -s, -netje), der Karton heißt „de **doos**“, und die Dose heißt „het **blikje**“ (n, -s) ...

de tas [tɑs] *f/m (-sen, -je)* — **die Tüte, der Beutel**
Heeft/Hebt u misschien een **tasje** voor me? — Hätten Sie vielleicht eine Tüte für mich?

de mand [mɑnt] *f/m (-en, -je)* — **der Korb**
Ze stopte alle boodschappen in haar **mandje**. — Sie packte alle Einkäufe in ihren Korb.

de handtas [h'ɑntɑs] *f/m (-sen, -je)* — **die Handtasche**
Ik heb een paar zakdoekjes in mijn **handtas**. — Ich habe ein paar Taschentücher in meiner Handtasche.

de sleutel [sl'øtəl] *m (-s, -tje)* — **der Schlüssel**
Heb je je **sleutel** alweer vergeten? — Hast du deinen Schlüssel schon wieder vergessen?

de balpen [b'ɑlpɛn] *f/m (-nen, -netje)* — **der Kugelschreiber**
Op het examen mag je met een **balpen** schrijven, maar niet met stift of vulpen. — Bei der Prüfung darf man mit Kugelschreiber schreiben, aber nicht mit Stift oder Füller.

het potlood [p'ɔtlot] *n (potloden, -je)* — **der Bleistift**
Voor de tekenles hebben we een normaal zwart **potlood** nodig. — Für den Zeichenunterricht brauchen wir einen normalen schwarzen Bleistift.

de kaart [kart] *f/m (-en, -je)* — **die Karte**
Stuur je me een **kaartje** als je met vakantie bent? — Schickst du mir eine Karte, wenn du im Urlaub bist?

de zakdoek [z'ɑgduk] *m (-en, -je)* — **das Taschentuch**
Mijn neus bloedt. Heb je soms een **zakdoekje** voor me? — Meine Nase blutet. Hast du vielleicht ein Taschentuch für mich?

de lucifer [l'ysifɛr] *m (-s, -tje)* — **das Zündholz, das Streichholz**
Ik kan je geen vuur geven, ik heb geen **lucifers** bij me. — Ich kann dir kein Feuer geben, ich habe keine Streichhölzer dabei.

het touw [tɑu] *n (-en, -tje)* — **die Schnur, der Bindfaden**
De sleutels hingen aan een **touwtje** in de gang. — Die Schlüssel hingen an einer Schnur im Gang.

de draad [drat] *f (draden, -je)* — **der Faden**
Als je een naald en wat **draad** hebt, naai ik het wel weer toe. — Wenn du eine Nadel und ein bisschen Faden hast, nähe ich es wieder zu.

de ketting [k'ɛtɪŋ] *f (-en, kettinkje)* — **die Kette**
Is dat een echte gouden **ketting**? — Ist das eine echte Goldkette?

de naald [nalt] *f/m (-en, -je)* — **die (Steck)Nadel**
Met een dikke **naald** boorde hij een gat in de kastanje. — Mit einer dicken Nadel bohrte er ein Loch in die Kastanie.

de schaar [sχar] *f/m (scharen, -tje)*	**die Schere**
Geef me eens even een **schaar**, dan knip ik een stukje af.	Gib mir mal eben eine Schere, dann schneide ich ein Stück ab.
de spiegel [sp'iɣəl] *m (-s, -tje)*	**der Spiegel**
Ze keek in de **spiegel** om te zien of ze er goed uit zag.	Sie schaute in den Spiegel, um zu sehen, ob sie gut aussah.
de bel [bɛl] *f/m (-len, -letje)*	**die Klingel**
Kan/Kun jij even opendoen als de **bel** gaat?	Kannst du kurz aufmachen, wenn die Klingel läutet?
de klok [klɔk] *f/m (-ken, -je)*	**die Uhr, die Glocke**
Loopt die **klok** voor of is het echt al zo laat?	Geht die Uhr vor, oder ist es wirklich schon so spät?
Toen de koning stierf, luidden de **klokken** de hele dag.	Als der König starb, läuteten die Glocken den ganzen Tag.
de wijzer [w'ɛizər] *m (-s, -tje)*	**der (Uhr-)Zeiger**
De kleine **wijzer** wijst het uur aan, de grote de minuten.	Der kleine Zeiger zeigt die Stunde an, der große die Minuten.
het speelgoed [sp'elɣut] *n (o. Pl., -je)*	**das Spielzeug**
Schenk hem toch niet zoveel **speelgoed**, boeken zijn veel nuttiger.	Schenk ihm doch nicht so viel Spielzeug, Bücher sind viel nützlicher.

---

schoon [sχon] *Adj. (schone, schoner, -st) Syn.:* proper (Flandern)	**sauber**
De hotelkamer zag er niet echt **schoon** uit.	Das Hotelzimmer sah nicht wirklich sauber aus.
schoonmaken [sχ'onmakə(n)] *V/t Syn.:* reinigen, poetsen	**saubermachen, reinigen, putzen**
We kunnen nog niet op onze kamer, ze zijn nog aan het **schoonmaken**.	Wir können noch nicht auf unser Zimmer, sie sind noch dabei, sauber zu machen.
vuil [vœyl] *Adj., Adv. (-e, -er, -st) Syn.:* vies	**schmutzig, dreckig**
Ik moet wassen, ik heb alleen nog maar **vuile** spullen.	Ich muss waschen, ich habe nur noch schmutzige Sachen.

de vlek [vlɛk] *f/m (-ken, -je)* — **der Fleck**
Och nee, die **vlekken** krijg ik nooit meer weg! — Ach nein, die Flecken kriege ich nie wieder weg!

(zich) wassen [(zɪχ) w'ɑsə(n)] *V/t, V/r* — **(sich) waschen**
Nadat hij **zich had gewassen**, ging hij naar bed. — Nachdem er sich gewaschen hatte, ging er ins Bett.

KLEIDUNG UND SCHMUCK

de kleding [kl'edɪŋ] *f (o. Pl. und Dim.) Syn.:* de kledij — **die Kleidung**
Dassen vindt u in de afdeling **mannenkleding**. — Krawatten finden Sie in der Abteilung Herrenkleidung.

de mode [m'odə] *f/m (-s, o. Dim.)* — **die Mode**
Broeken met brede pijpen zijn weer in de **mode**. — Hosen mit breiten Hosenbeinen sind wieder in Mode

dragen [dr'aɣə(n)] *V/t Syn.:* aanhebben — **tragen, anhaben**
Die broek **draag** je toch nooit meer! — Diese Hose trägst du doch nie wieder!

(zich) aankleden [(zɪχ) 'ankledə(n)] *V/t, V/r* — **(sich) anziehen**
We kunnen nog niet weg, ik moet **me** nog **aankleden**. — Wir können noch nicht weg, ich muss mich noch anziehen.

aantrekken ['antrɛkə(n)] *V/t Syn.:* aandoen — **anziehen**
Het is koud buiten, **trek** je warme jas maar **aan**! — Es ist kalt draußen, zieh doch deine warme Jacke an!

(zich) uitkleden [(zɪχ) 'œytkledə(n)] *V/t, V/r* — **(sich) ausziehen**
Ze **had** zich helemaal **uitgekleed** en lag naakt op bed. — Sie hatte sich ganz ausgezogen und lag nackt auf dem Bett.

uittrekken ['œytrɛkə(n)] *V/t Syn.:* uitdoen — **ausziehen**
Trek je laarzen **uit** voor je naar binnen komt! — Zieh deine Stiefel aus, bevor du hereinkommst!

passen [p'ɑsə(n)] *V/t, V/i*
Dat kostuum **past** niet, het is te eng.

passen, anprobieren
Der Anzug passt nicht, er ist zu eng.

de jurk [jʏrk] *f/m (-en, -je)*
Syn.: het kleed (Flandern)
Ze droeg een korte witte **jurk** en blauwe schoenen.

das Kleid
Sie trug ein kurzes, weißes Kleid und blaue Schuhe.

de jas [jɑs] *f/m (-sen, -je) syn.:* de colbert
Het is veel te benauwd hier, ik trek mijn **jas** uit.

der Mantel, die Jacke, das Jackett
Es ist viel zu drückend hier, ich ziehe meine Jacke aus.

de overjas ['ovərjɑs] *f/m (-sen, -je) Syn.:* de mantel (Flandern)
Je **overjas** hangt aan de kapstok in de gang.

der Mantel
Dein Mantel hängt am Kleiderständer im Flur.

het kostuum [kɔst'ym] *n (-s, -pje) Syn.:* het pak
De bruidegom droeg een lichtgrijs **kostuum**.

der Anzug
Der Bräutigam trug einen hellgrauen Anzug.

het mantelpak [m'ɑntəlpɑk] *n (-ken, -je)*
Ze kwam in een geel **mantelpakje** naar het examen.

das Kostüm
Sie kam in einem gelben Kostüm zur Prüfung.

de broek [bruk] *f/m (-en, -je)*
Op het werk mogen we geen korte **broeken** dragen.

die Hose
Auf der Arbeit dürfen wir keine kurzen Hosen tragen.

de rok [rɔk] *m (-ken, -je)*
Dat stukje stof wil je toch geen **rok** noemen?

der Rock
Dieses Stückchen Stoff willst du doch keinen Rock nennen?

het hemd [hɛmt] *n (-en, -je)*
Er liggen nog een paar gestreken **hemden** in de kast.

das Hemd
Es liegen noch ein paar gebügelte Hemden im Schrank.

de zak [zɑk] *m (-ken, -je)*
Ik weet zeker dat ik de sleutel in mijn **zak** heb gestoken.

die Tasche
Ich bin mir sicher, dass ich den Schlüssel in meine Tasche gesteckt habe.

de knoop [knop] *m (knopen, -je)*	**der Knopf** (Kleidung)
Laat de bovenste **knoop** open, dat ziet er beter uit.	Lass den obersten Knopf offen, das sieht besser aus.
het gat [ɣɑt] *n (-en, gaatje)*	**das Loch**
Dat **gat** in je kous is veel te groot, dat kan ik niet stoppen.	Das Loch in deinem Strumpf ist viel zu groß, das kann ich nicht stopfen.
de schoen [sχun] *m (-en, -tje)*	**der Schuh**
Heb je alweer een paar nieuwe **schoenen** gekocht?	Hast du schon wieder ein Paar neue Schuhe gekauft?
de sok [sɔk] *f/m (-ken, -je)*	**die Socke**
Trek een paar warme **sokken** aan.	Zieh ein Paar warme Socken an.
de kous [kɑus] *f/m (-en, -je)*	**der Strumpf**
Ik vind mijn pantoffels niet. Mag ik op mijn **kousen** rondlopen?	Ich finde meine Pantoffel nicht. Darf ich auf Strümpfen herumlaufen?
de hoed [hut] *f/m (-en, -je)*	**der Hut**
Zet je **hoed** af! We zijn in een kerk.	Setz deinen Hut ab! Wir sind in einer Kirche.
de muts [mʏts] *f/m (-en, -je)*	**die (Woll)Mütze**
Voordat mijn oren bevriezen zet ik liever een **muts** op.	Bevor meine Ohren frieren, setze ich lieber eine Mütze auf.
de handschoen [h'ɑntsχun] *f/m (-en, -tje)*	**der Handschuh**
De inbrekers droegen **handschoenen**.	Die Einbrecher trugen Handschuhe.
het horloge [hɔrl'oʒə] *n (-s, -tje)*	**die (Armband-)Uhr**
Ik weet niet hoe laat het is. Mijn **horloge** ligt thuis.	Ich weiß nicht, wie spät es ist. Meine Uhr liegt zu Hause
de ring [rɪŋ] *m (-en, -etje)*	**der Ring**
Waarom draagt hij een **ring**, als hij niet getrouwd is?	Warum trägt er einen Ring, wenn er nicht verheiratet ist?

ARBEITSWELT

de fabriek [fabr'ik] *f (-en, -je)* Zijn vader werkt in een grote **fabriek**.	**die Fabrik** Sein Vater arbeitet in einer großen Fabrik.
het gereedschap [ɤər'etsχɑp] *n (-pen, o. Dim.)* Zonder **gereedschap** kan ik het toestel niet maken.	**das Werkzeug** Ohne Werkzeug kann ich das Gerät nicht reparieren.
de reparatie [repar'a(t)si] *f (-s, -tje) Syn.:* de reparatuur Wordt de **reparatie** duur?	**die Reparatur** Wird die Reparatur teuer?
repareren [repar'erə(n)] *V/t Syn.:* maken, herstellen Mijn auto is stuk. Kan/Kun jij hem **repareren**?	**reparieren** Mein Auto ist kaputt. Kannst du es reparieren?

---

de zaak [zak] *f/m (zaken, -je)* Ik zou liever geen **zaken** met de maffia doen.	**das Geschäft** Ich würde lieber keine Geschäfte mit der Mafia machen.
de firma [f'ɪrma] *f/m (-'s, firmaatje) Syn.:* het bedrijf Mijn vrouw werkt voor een grote **firma** in Amsterdam.	**die Firma, der Betrieb** Meine Frau arbeitet für eine große Firma in Amsterdam.
de maatschappij [matsχɑp'ɛi] *f (-en, -tje)* Enkele dochter**maatschappijen** moesten worden gesloten.	**die Firma, die Gesellschaft** Einige Tochtergesellschaften mussten geschlossen werden.
de baan [ban] *f/m (banen, -tje) Syn.:* de betrekking, het werk Door de besparingen verloren meer dan vijfduizend werknemers hun **baan**.	**die Stelle, der Arbeitsplatz** Durch Einsparungen verloren mehr als fünftausend Arbeitnehmer ihren Arbeitsplatz.
werk(e)loos [w'ɛrklos] *Adj. (werkloze)* Hij is al meer dan een half jaar **werkloos**.	**arbeitslos** Er ist schon mehr als ein halbes Jahr arbeitslos.
de werk(e)loosheid [wɛrkl'oshɛit] *f (o. Pl. und Dim.)* De **werkloosheid** neemt al sinds jaren toe.	**die Arbeitslosigkeit** Die Arbeitslosigkeit nimmt schon seit Jahren zu.

het loon [lon] *n (lonen, -tje)* — **der Lohn**

Uw **loon** wordt telkens op het einde van de maand op uw rekening gestort.

Ihr Lohn wird jedesmal am Ende des Monats auf Ihr Konto überwiesen.

ⓘ Dem deutschen Gehalt entspricht das niederländische „het **salaris**" (n, -sen, -je), die Vergütung heißt „de **vergoeding**" (f, -en, vergoedinkje) und das Einkommen ist „het **inkomen**" (n, -s, -tje).

bezig [b'ezəχ] *Adj. (-e, -er, -st)* — **beschäftigt**

Ik kan je nu niet helpen, ik ben **bezig**.

Ich kann dir jetzt nicht helfen, ich bin beschäftigt.

de aanbieding ['ambidɪŋ] *f (-en, -etje)* — **das Angebot**

Tegen het einde van de winter zijn er altijd een paar speciale **aanbiedingen**.

Gegen Ende des Winters gibt es immer ein paar Sonderangebote.

ⓘ Eine „**aanbieding**" ist ein Produkt, das (vorübergehend) preiswerter angeboten wird. Ein (Preis)Angebot, das man sich beispielsweise von einer Firma zuschicken lassen kann, heißt „de **offerte**" (*f/m*, -s und -n, o. Dim.) oder „het **aanbod**" (*n*, aanbiedingen): We sturen u graag een vrijblijvende **offerte** toe. (Wir schicken Ihnen gerne ein unverbindliches Angebot zu.) Dat is echt een heel voordelig **aanbod**. (Das ist wirklich ein sehr günstiges Angebot.)

de bestelling [bəst'ɛlɪŋ] *f (-en, bestellinkje) Syn.:* de order — **die Bestellung**

Zou u ons uw **bestelling** kunnen faxen?

Könnten Sie uns Ihre Bestellung faxen?

de verkoop [v'ɛrkop] *m (o. Pl. und Dim.)* — **der Verkauf**

Ik wist niet dat de **verkoop** van naziliteratuur in Duitsland verboden is.

Ich wusste nicht, dass der Verkauf von Naziliteratur in Deutschland verboten ist.

de uitverkoop ['œytfərkop] *m (o. Pl. und Dim.) Syn.:* de solden (Flandern) — **der Ausverkauf**

Wanneer is er bij jullie weer eens een **uitverkoop**?

Wann gibt es bei euch mal wieder einen Ausverkauf?

de waar [war] *f/m (waren, -tje)* — **die Ware, die Güter**

De **waren** lagen goed zichtbaar in de etalage.

Die Waren lagen gut sichtbar im Schaufenster.

de winkel [w'ɪŋkəl] *m (-s, -tje)*	**das Geschäft, der Laden**
Zijn alle **winkels** hier zo duur?	Sind alle Läden hier so teuer?
het warenhuis [w'arə(n)hœys] *n (warenhuizen, -je)*	**das Kaufhaus,das Warenhaus**
In een **warenhuis** vind je meer en goedkopere waren dan in een buurtwinkel.	In einem Kaufhaus findet man mehr und billigere Waren als in einem Tante-Emma-Laden.
de boodschap [b'otsχɑp] *f (-pen, -je) Syn.:* de inkoop	**der Einkauf**
Neem jij de **boodschappen** uit de mand, dan dek ik alvast de tafel.	Nimm du die Einkäufe aus dem Korb, dann decke ich schon mal den Tisch.
boodschappen (gaan) doen [b'otsχɑpə(n) (ɣan) dun] *V/t Syn.:* inkopen gaan doen, gaan winkelen	**einkaufen gehen, Einkäufe machen**
Ik moet nog snel een paar **boodschappen doen**, we hebben niets meer in huis.	Ich muss noch schnell einkaufen gehen, wir haben nichts mehr im Haus.
kopen [k'opə(n)] *V/t*	**kaufen**
Hij **heeft** alweer een nieuwe auto **gekocht**.	Er hat schon wieder ein neues Auto gekauft.
verkopen [vərk'opə(n)] *V/t*	**verkaufen**
Hij **heeft** zijn huis eindelijk **verkocht**.	Er hat sein Haus endlich verkauft.

GELD

het geld [ɣɛlt] *n (o. Pl. und Dim.)*	**das Geld**
Ik kan je niets kopen. Ik heb geen **geld** meer.	Ich kann dir nichts kaufen. Ich habe kein Geld mehr.
het contant geld [kɔnt'ɑnt χɛlt] *n (o. Pl. und Dim.) Syn.:* cash, contant	**das Bargeld**
Betaalt u met een cheque of met **contant geld**?	Zahlen Sie mit einem Scheck oder mit Bargeld?

betalen [bət'alə(n)] *V/t*
Kan ik volgende week **betalen**?

(be)zahlen
Kann ich nächste Woche bezahlen?

de prijs [prɛis] *m (prijzen, -je)*
Zie jij ergens de **prijs** staan?

der Preis
Siehst du irgendwo den Preis stehen?

duur [dyr] *Adj., Adv. (dure, -der, -st)*
Is dat niet een beetje **duur**?

teuer
Ist das nicht ein bisschen teuer?

goedkoop [ɣutk'op] *Adj., Adv. (goedkope, goedkoper, -st)*
Das is niet bepaald **goedkoop**.

billig, preiswert
Das ist nicht gerade billig.

verdienen [vərd'inə(n)] *V/t*
Weet jij hoeveel een verkoopster **verdient**?

verdienen
Weißt du, wie viel eine Verkäuferin verdient?

uitgeven ['œytχevə(n)] *V/t*
We moeten sparen. We **hebben** deze maand al te veel **uitgegeven**.

ausgeben
Wir müssen sparen. Wir haben diesen Monat schon zu viel ausgegeben.

sparen [sp'arə(n)] *V/t*
Als we volgend jaar op reis willen gaan, moeten we beginnen te **sparen**.

sparen
Wenn wir nächstes Jahr verreisen wollen, sollten wir anfangen zu sparen.

de kosten [k'ɔstə(n)] *Pl.*
Misschien kan/kun je bijdragen in de **kosten**?

die Kosten
Vielleicht kannst du dich an den Kosten beteiligen?

kosten [k'ɔstə(n)] *V/i*
Hoeveel **kost** dit boek?

kosten
Wie viel kostet dieses Buch?

de huur [hyr] *m (huren, -tje)*
Hoeveel **huur** betalen jullie voor jullie huisje?

die Miete
Wie viel Miete zahlt ihr für euer Haus?

ℹ In Fenstern sieht man oft Schilder „**te koop**“ oder „**te huur**“. Das bedeutet, dass das betreffende Objekt zu verkaufen oder zu vermieten ist.

de belasting [bəl'ɑstɪŋ] *f* *(-en, belastinkje)*
Een deel van de **belastingen** krijg je op het einde van het jaar terugbetaald.

die Steuer
Einen Teil der Steuern bekommt man am Ende des Jahres zurückbezahlt.

Selbstverständlich (oder leider) gibt es in den Niederlanden und Flandern auch Mehrwertsteuer. Sie heißt dort „**btw**“ (f), was „**belasting over de toegevoegde waarde**“ (wörtlich: Steuer auf den hinzugefügten Wert) bedeutet.

de rekening [r'ekənɪŋ] *f* *(-en, -etje)*
Heb je die **rekening** nu nog altijd niet betaald?
Stort u dat geld maar op mijn **rekening**.

die Rechnung, das Konto
Hast du die Rechnung jetzt immer noch nicht bezahlt?
Überweisen Sie das Geld einfach auf mein Konto.

de schuld [sχʏlt] *f/m* *(-en, -je)*
Ze zijn nog zo jong en hebben al zoveel **schulden**.

die Schuld, die Schulden
Sie sind noch so jung und haben schon so viele Schulden.

de bank [bɑŋk] *f/m (-en, -je)*
Ik kan geen geld meer afhalen. De **bank** is al gesloten.

die Bank
Ich kann kein Geld mehr holen. Die Bank ist schon geschlossen.

het (bank)biljet [(b'ɑŋg)bɪlj'ɛt] *n (-ten, -je) Syn.:* het briefje
Kan/Kunt u dit **biljet** van vijftig euro misschien wisselen in vijf **biljetjes** van tien?

der (Geld)Schein, die (Bank)-Note
Könnten Sie diesen Fünfzigeuroschein vielleicht in fünf Zehneuroscheine wechseln?

de euro ['øro] *m (-'s, eurootje)*
Dat maakt dan vijftien **euro** alstublieft.

der Euro
Das sind dann fünfzehn Euro, bitte.

Wie im Deutschen verwendet man auch im Niederländischen bei der Währungsangabe die Singularform: twee **euro**, tien **euro**. Sind einzelne Euromünzen gemeint, wird im Niederländischen die Pluralform gebraucht: Heb jij al **euro's**? (Hast du schon Euromünzen?)

de cent [sɛnt] *m (-en, -je)*
Dat zijn dan in totaal vijf euro en vijfenveertig **cent**.

der Cent
Das sind dann insgesamt fünf Euro und fünfundvierzig Cent.

ÄMTER UND BEHÖRDEN

het kantoor [kɑnt'or] *n (kantoren, -tje) Syn.:* het bureau — **das Büro**
Ik kom vandaag wat later. Ik moet nog een paar zaken regelen op **kantoor**. — Ich komme heute etwas später. Ich muss noch einige Sachen regeln im Büro.
Is er hier ergens een post**kantoor** in de buurt? — Ist hier irgendwo ein Postamt in der Nähe?

het personeel [pɛrson'el] *n (o. Pl. und Dim.)* — **das Personal, die Belegschaft**
Ik denk dat het **personeel** daarmee akkoord gaat. — Ich denke, dass das Personal damit einverstanden ist

de medewerker [m'edəwɛrkər] *m (-s, -tje) Fem.:* de medewerkster — **der Mitarbeiter**
Door een gebrek aan opdrachten moesten we vijftig **medewerkers** ontslaan. — Aus Mangel an Aufträgen mussten wir fünfzig Mitarbeiter entlassen.

ondertekenen [ɔndərt'ekənə(n)] *V/t Syn.:* tekenen — **unterschreiben**
Hij weigerde de brief te **ondertekenen**. — Er weigerte sich, den Brief zu unterschreiben.

POST- UND FERNMELDEWESEN

de post [pɔst] *f/m (o. Pl. und Dim.)* — **die Post(sendung), das Postamt**
Was er vandaag geen **post**? — Gab es heute keine Post?

het postkantoor [p'ɔs(t)kɑntor] *n (postkantoren, -tje)* — **das Postamt, die Post**
Het **postkantoor** is direct hier om de hoek. — Die Post ist direkt hier um die Ecke.

de postbode [p'ɔs(t)bodə] *m (-s und -n, -tje)* — **der Postbote, der Briefträger**
(Om) hoe laat komt de **postbode** 's morgens? — Wie spät kommt der Briefträger morgens?

de brief [brif] *m (brieven, -je)* — **der Brief**
Zijn al die **brieven** voor mij? — Sind all diese Briefe für mich?

ⓘ Ein Brief per Einschreiben heißt „**aangetekende brief**".

de envelop [ãvəl'ɔp] *f/m (-pen, -je) Syn.:* de enveloppe — **der (Brief)Umschlag**
Schrijf ik mijn eigen adres voor of achter op de **envelop**? — Schreibe ich meine eigene Anschrift vorne oder hinten auf den Umschlag?

de briefkaart [br'ifkart] *f/m (-en, -je)* — **die Postkarte**
Om mee te doen schrijft u uw naam en telefoonnummer op een **briefkaart**. — Um mitzumachen, schreiben Sie Ihren Namen und Ihre Telefonnummer auf eine Postkarte.

het adres [adr'ɛs] *n (-sen, -je)* — **die Adresse, die Anschrift**
De brief kwam niet aan omdat het **adres** niet klopte. — Der Brief kam nicht an, weil die Adresse nicht stimmte.

de postzegel [p'ɔstseɣəl] *m (-s, -tje)* — **die Briefmarke**
Ik kan de brief niet opsturen, ik heb geen **postzegels** meer. — Ich kann den Brief nicht abschicken, ich habe keine Briefmarken mehr.

het pakket [pɑk'ɛt] *n (-ten, -je) Syn.:* het pakje — **das Päckchen, das Paket**
Er is een **pakket** voor je aangekomen. — Es ist ein Paket für dich angekommen.

---

de telefoon [t'eləfon] *m (-s und telefonen, -tje)* — **das Telefon**
Je hangt nu al de hele dag aan de **telefoon**. Mag ik ook eindelijk eens bellen? — Du hängst jetzt schon den ganzen Tag am Telefon. Darf ich auch endlich mal anrufen?

opbellen ['ɔbɛlə(n)] *V/t Syn.:* bellen, telefoneren — **telefonieren, anrufen**
Je raadt nooit wie me gisteren **heeft opgebeld**! — Du errätst nie, wer mich gestern angerufen hat.

het telefoontje [t'eləfoncə] *n (-s)* — **der Anruf, das Telefongespräch**

Leuk dat je aan me hebt gedacht, dank je voor het **telefoontje**.
Schön, dass du an mich gedacht hast, danke für den Anruf.

kiezen [k'izə(n)] *V/t* — **wählen**

In geval van nood **kies** je het nummer van de politie.
Im Notfall wählst du die Nummer der Polizei.

RECHTSWESEN

de wet [wɛt] *f/m (-ten, -je)* — **das Gesetz**

De regering heeft net een nieuwe **wet** ontworpen.
Die Regierung hat gerade ein neues Gesetz entworfen.

de politie [pol'i(t)si] *f (-s, o. Dim.)* — **Polizei** *f*

Als je niet verdwijnt, roep ik de **politie**!
Wenn du nicht verschwindest, rufe ich die Polizei!

de politieagent [pol'i(t)siaɣɛnt] *m (-en, -je) Syn.:* de agent — **der Polizist**

De inbreker werd door twee **politieagenten** gearresteerd.
Der Einbrecher wurde von zwei Polizisten verhaftet.

---

verkeerd [vərk'ert] *Adj., Adv. (-e, -er, -st) Syn.:* mis, fout — **falsch, schlecht**

Waarom ben je zo kwaad? Wat heb ik **verkeerd** gedaan?
Warum bist du so sauer? Was habe ich falsch gemacht?

de misdadiger [m'ɪzdadəɣər] *m (-s, -tje) Fem.:* de misdadigster — **der Verbrecher**

De politie kon twee **misdadigers** op heterdaad betrappen.
Die Polizei konnte zwei Verbrecher auf frischer Tat erwischen.

strafbaar [str'ɑvbar] *Adj., Adv. (strafbare, -der, -st)* — **strafbar**

Ik weet niet of het **strafbaar** is, maar ik zou het niet doen.
Ich weiß nicht, ob es strafbar ist, aber ich würde es nicht machen.

stelen [st'elə(n)] *V/t* — **stehlen**

Er is bij ons ingebroken, maar gelukkig **is** er niets **gestolen**. — Es wurde bei uns eingebrochen, aber glücklicherweise wurde nichts gestohlen.

de dief [dif] *m (dieven, -je)* *Fem.:* de dievegge — **der Dieb**

De politie kon de **dief** op heterdaad betrappen. — Die Polizei konnte den Dieb auf frischer Tat erwischen.

doodschieten [d'otsχitə(n)] *V/t Syn.:* neerschieten — **erschießen**

De moordenaar **heeft** zijn slachtoffers koelbloedig **doodgeschoten**. — Der Mörder hat seine Opfer kaltblütig erschossen.

het schot [sχɔt] *n (-en, -je)* — **der Schuss**

Ik meen dat ik twee **schoten** heb gehoord, maar misschien waren het er drie ... — Ich meine, dass ich zwei Schüsse gehört habe, aber vielleicht waren es drei ...

doden [d'odə(n)] *V/t Syn.:* doodmaken, ombrengen — **töten, umbringen**

Bij het gevecht **werden** er vier mensen **gedood**. — Beim Kampf wurden vier Menschen getötet.

ARZT UND KRANKENHAUS

de dokter [d'ɔktər] *m (-s, -tje) Syn.:* de arts *Fem.:* de dokteres — **der Arzt**

Ik heb zo rare steken in mijn borst, **dokter**. — Ich habe so komische Stiche in meiner Brust, Herr Doktor.

(i) „**Dokter**" kann auch als Anrede verwendet werden, im Niederländischen allerdings ohne „Herr" oder „Frau".

de tandarts [t'ɑndɑrts] *m (-en, -je) Fem.:* de tandartse — **der Zahnarzt**

Als je zo sterke tandpijn hebt, ga je beter meteen naar de **tandarts**. — Wenn du so starke Zahnschmerzen hast, gehst du besser sofort zum Zahnarzt.

de verpleger [vərpl'eɣər] *m (-s, -tje) Fem.:* de verpleegster — **der (Kranken)Pfleger**

Ik voel me zo raar, haal snel een **verpleger**. — Ich fühle mich so komisch. Hole schnell einen Pfleger.

de patiënt [pɑsj'ɛnt] *m (-en, -je) Fem.:* de patiënte — **der Patient**

De **patiënt** klaagt over sterke hoofdpijn, dokter. — Der Patient klagt über starke Kopfschmerzen, Herr Doktor.

het ziekenhuis [z'ikə(n)hœys] *n (ziekenhuizen, -je)* — **das Krankenhaus**

Peter had een hartinfarct, hij ligt in het **ziekenhuis**. — Peter hatte einen Herzinfarkt. Er liegt im Krankenhaus.

het medicament [medikam'ɛnt] *n (-en, -je) Syn.:* het medicijn — **die Medizin, die Arznei, das Arzneimittel**

Als je je **medicamenten** niet regelmatig neemt, helpen ze niet. — Wenn du deine Arzneimitte nicht regelmäßig nimmst, helfen sie nicht.

SCHULE UND UNIVERSITÄT

de school [sχol] *f/m (scholen, -tje)* — **die Schule**

Jantje gaat nog niet naar **school**, hij is nog te jong. — Jantje geht noch nicht zur Schule, er ist noch zu jung.

de universiteit [yniverѕit'ɛit] *f (-en, -je)* — **die Universität**

Ik heb aan de **universiteit** van Leuven gestudeerd. — Ich habe an der Universität von Leuven studiert.

de leraar [l'erar] *m (-s und leraren, -tje) Fem.:* de lerares — **der Lehrer**

Onze **leraar** Duits kon die moeilijke regels altijd zo gemakkelijk uitleggen. — Unser Deutschlehrer konnte diese schwierigen Regeln immer so einfach erklären.

de leerling [l'erlɪŋ] *m (-en, -etje) Syn.:* de scholier — **der Schüler**

Veel **leerlingen** kiezen Engels omdat dat eenvoudig is. — Viele Schüler wählen Englisch, weil das einfach ist.

ⓘ Dem deutschen Lehrling entsprechen im Niederländischen „de **leerjongen**“ (*m*, -s, -tje) und „het **leermeisje**“ (*n*, -s).

de student [styd'ɛnt] *m (-en, -je) Fem.:* de studente
Weet jij hoeveel **studenten** er in Nijmegen studeren?

der Student
Weißt du, wie viele Studenten in Nimwegen studieren?

onderwijzen [ɔndərw'ɛizə(n)] *V/t Syn.:* geven
Welke vakken **onderwijst** je man?

unterrichten, lehren
Welche Fächer unterrichtet dein Mann?

ⓘ Ohne Objekt ist das Verb „**lesgeven**" üblich: Ik **geef** al meer dan tien jaar **les** aan deze school. (Ich unterrichte schon mehr als zehn Jahre an dieser Schule.)

studeren [styd'erə(n)] *V/t, V/i*
Duitse studenten **studeren** veel te lang.

studieren
Deutsche Studenten studieren viel zu lange.

de klas [klɑs] *f (-sen, -je)*
We gaan morgen met de hele **klas** zwemmen.

die Klasse
Wir gehen morgen mit der ganzen Klasse schwimmen.

het vak [vɑk] *n (-ken, -je)*
Wiskunde vond ik op school altijd een verschrikkelijk **vak**.

das Fach
Mathematik fand ich in der Schule immer ein schreckliches Fach.

de/het les(sen)rooster [l'ɛs(ə(n))rostər] *m/n (-s, -tje)*
Volgens mijn **lesrooster** hebben we nu aardrijkskunde.

der Stundenplan
Laut meinem Stundenplan haben wir jetzt Erdkunde.

de les [lɛs] *f/m (-sen, -je)*
Wil je nu eindelijk eens ophouden de **les** te storen?
Ik wil dat jullie voor morgen **les** vijf voorbereiden.

die (Unterrichts)Stunde, der Unterricht, die Lektion
Würdest du jetzt endlich mal aufhören, den Unterricht zu stören?
Ich möchte, dass ihr bis morgen Lektion fünf vorbereitet.

de cursus [k'ʏrsʏs] *m (-sen, -je)*
Heb jij stiekem een dans**cursus** bezocht?

der Kurs
Hast du heimlich einen Tanzkurs besucht?

de vakantie [vak'ɑn(t)si] *f (-s, -tje)*
Ik lees meestal alleen tijdens de **vakantie**.

die Ferien, der Urlaub
Ich lese meistens nur in den Ferien.

ⓘ „In Urlaub fahren“ oder „in Urlaub sein“ heißt „**met** (oder: **op**) **vakantie gaan**“ oder „**met** (oder: **op**) **vakantie zijn**“.

de taal [tal] *f/m (talen, -tje)* — **die Sprache**
Hij kent vier **talen**. — Er kann vier Sprachen.

vertalen [vərt'alə(n)] *V/t* — **übersetzen**
Kan/Kun jij deze tekst in het Frans **vertalen**? — Kannst du diesen Text ins Französische übersetzen?

de vertaling [vərt'alıŋ] *f (-en, vertalinkje)* — **die Übersetzung**
Heb je het Engelse origineel gelezen of een **vertaling**? — Hast du das englische Original gelesen oder eine Übersetzung?

KUNST

de kunst [kʏnst] *f (-en, -je)* — **die Kunst**
Vaak is het moeilijk te bepalen wat **kunst** is. — Oft ist es schwierig zu bestimmen, was Kunst ist.

de/het schilderij [sχıldər'ɛi] *f/n (-en, -tje)* — **das Bild, das Gemälde**
Al deze **schilderijen** heeft mijn moeder zelf gemaakt. — Alle diese Gemälde hat meine Mutter selbst gemalt.

schilderen [sχ'ıldərə(n)] *V/t* — **malen**
Mijn oom **heeft** enkele mooie landschappen **geschilderd**. — Mein Onkel hat ein paar schöne Landschaften gemalt.

tekenen [t'ekənə(n)] *V/t* — **zeichnen, malen**
Ik heb je al tien keer gezegd dat je niet op de muren mag **tekenen**! — Ich habe dir schon zehnmal gesagt, dass du nicht auf den Wänden malen darfst!

---

het theater [tej'atər] *n (-s, -tje) Syn.:* de schouwburg — **das Theater**
Heb je geen zin om vanavond naar het **theater** te gaan? — Hast du keine Lust, heute Abend ins Theater zu gehen?

het toneel [ton'el] *n (tonelen, -tje)*
De actrice struikelde en viel van het **toneel**.

die Bühne
Die Schauspielerin stolperte und fiel von der Bühne.

de bioscoop [bijɔsk'op] *m (bioscopen, -je) Syn.:* de cinema
Heb je die film op de televisie gezien of in de **bioscoop**?

das Kino
Hast du den Film im Fernsehen gesehen oder im Kino?

de show [ʃo] *m (-s, -tje)*
Op televisie zijn er alleen nog maar saaie **shows** en herhalingen te zien.

die Show
Im Fernsehen gibt es nur noch langweilige Shows und Wiederholungen zu sehen.

het stuk [stʏk] *n (-ken, -je)*
Vanavond tonen ze op de televisie een interessant **stuk** van Brecht.

das (Theater)Stück
Heute Abend zeigen sie im Fernsehen ein interessantes Stück von Brecht.

spelen [sp'elə(n)] *V/t, V/i Syn.*
Ik vind dat ze heel overtuigend **heeft gespeeld**.

spielen
Ich finde, dass sie sehr überzeugend gespielt hat.

het kaartje [k'arcə] *n (-s)*
We moeten de **kaartjes** voor acht uur afhalen.

die Karte
Wir sollen die Karten vor acht Uhr abholen.

---

de muziek [myz'ik] *f (o. Pl., -je)*
Op de radio hoor je alleen nog maar Engelse **muziek**.

die Musik
Im Radio hört man nur noch englische Musik.

het concert [kɔns'ɛrt] *n (-en, -je)*
Volgende week ga ik naar een **concert** van Tina Turner.

das Konzert
Nächste Woche gehe ich in ein Konzert von Tina Turner.

de band [bɛnt] *m (-s, -je)*
Ze hebben een eigen **bandje** en daar speelt hij gitaar.

die Band
Sie haben eine eigene Band, und da spielt er Gitarre.

het lied [lit] *n (-eren, -je)*
Ik heb gisteren een leuk **liedje** op de radio gehoord.

das Lied, der Song
Ich habe gestern ein schönes Lied im Radio gehört.

zingen [z'ɪŋə(n)] *V/t, V/i*
En nu **zingen** we allemaal samen een liedje voor de jarige.

singen
Und jetzt singen wir alle zusammen ein Lied für das Geburtstagskind.

KOMMUNIKATIONSMITTEL

de krant [krɑnt] *f (-en, -je)* — **die Zeitung**
Het eerste wat ik 's morgens doe, is gezellig de **krant** lezen. — Das Erste, was ich morgens mache, ist gemütlich die Zeitung lesen.

drukken [dr'ʏkə(n)] *V/t* — **drucken**
Je moet niet alles geloven wat je leest! Er **wordt** tegenwoordig zoveel onzin **gedrukt**. — Du musst nicht alles glauben, was du liest. Es wird heutzutage so viel Unsinn gedruckt.

de televisie [teləv'izi] *f (-s, -tje) Syn.:* de tv — **das Fernsehen, der Fernseher**
Gisteren was er een interessante reportage op de **televisie**. — Gestern gab es eine interessante Reportage im Fernsehen.
Heb je gisteren het nieuws gezien? – Nee, onze **televisie** is stuk. — Hast du gestern die Nachrichten gesehen? – Nein, unser Fernseher ist kaputt.

het programma [proɣr'ɑma] *n (-'s, programmaatje)* — **die Sendung**
Er zijn niet meer zoveel interessante **programma's** op de televisie als vroeger. — Es gibt nicht mehr so viele interessante Sendungen im Fernsehen wie früher.

de zender [z'ɛndər] *m (-s, -tje) Syn.:* het kanaal — **das Programm, der Sender**
Op welke **zender** liep die film? — In welchem Programm lief der Film?

ERHOLUNG UND FREIZEIT

de rust [rʏst] *f/m (o. Pl. und Dim.)* — **die Ruhe, die Erholung**
Kan/Kun je me eventjes alleen laten? Ik heb een beetje **rust** nodig. — Kannst du mich kurz alleine lassen? Ich brauche ein bisschen Ruhe.

uitrusten ['œytrʏstə(n)] *V/i* — **sich ausruhen, sich erholen**
Kom op, werk een beetje harder. Morgen kan/kun je nog genoeg **uitrusten**! — Los, arbeite ein bisschen härter. Morgen kannst du dich noch genug ausruhen.

de ontspanning [ɔntsp'ɑnɪŋ] *f (-en, ontspanninkje)* — **die Entspannung, die Erholung**
Laten we vanavond voor de **ontspanning** eens naar de bioscoop gaan. — Lasst uns heute Abend zur Entspannung mal ins Kino gehen.

(zich) ontspannen [(zɪχ) ɔntsp'ɑnə(n)] *V/t, V/r* — **(sich) entspannen, sich erholen**
Heb je je in de vakantie goed kunnen **ontspannen**? — Hast du dich in den Ferien gut erholen können?

de pauze [p'ɑuzə] *f/m (-s und -n, -tje)* — **die Pause**
In de **pauze** stonden de leerlingen voor de school een sigaretje te roken. — In der Pause standen die Schüler vor der Schule und rauchten eine Zigarette.

de wandeling [w'ɑndəlɪŋ] *f (-en, -etje)* — **der Spaziergang**
's Avonds hebben we altijd lange **wandelingen** gemaakt. — Abends haben wir immer lange Spaziergänge gemacht.

---

het spel [spɛl] *n (-en, -letje)* — **das Spiel**
Ik ken een leuk **spelletje**, maar daar heb ik wel een paar lucifers voor nodig. — Ich kenne ein tolles Spiel, dafür brauche ich allerdings ein paar Streichhölzer.

dansen [d'ɑnsə(n)] *V/i* — **tanzen**
Voor een man kan hij echt goed **dansen**. — Für einen Mann kann er wirklich gut tanzen.

het fototoestel [f'ototustɛl] *n (-len, -letje) Syn.:* de camera — **die Kamera, der Fotoapparat**
Met dit **fototoestel** kan/kunt u prachtige foto's maken. — Mit dieser Kamera können Sie hervorragende Bilder machen.

de foto [f'oto] *f/m (-'s, fotootje)* — **das Foto, das Bild**
We hebben een paar heel mooie **foto's** genomen. — Wir haben ein paar sehr schöne Bilder gemacht.

de film [fɪlm] *m (-s, -pje)* — **der Film**
Ojee, ik heb de **film** thuis laten liggen. — O je, ich habe den Film zu Hause liegen lassen.

de plaat [plat] *f/m (platen, -je)* — **die (Schall)Platte**
We hebben de hele avond oude **plaatjes** gedraaid. — Wir haben den ganzen Abend alte Platten gespielt.

de cd [sed'e] *m (-'s, -'tje)*	**die CD**
Heb je dat nieuwe **cd'tje** van Herman van Veen al?	Hast du die neue CD von Herman van Veen schon?

het amusement [amyzəm'ɛnt] *n (-en, -je) Syn.:* het vermaak	**das Vergnügen**
Er bestaan veel ongevaarlijkere vormen van **amusement** dan bungeejumpen.	Es gibt viel ungefährlichere Formen von Vergnügen als Bungeejumping.
genieten van [ɣən'itə(n) vɑn] *V/i*	**genießen**
Ik **heb** de hele dag **van** de zon **genoten**.	Ich habe den ganzen Tag die Sonne genossen.
(zich) amuseren [(zɪχ) amyz'erə(n)] *V/t, V/r Syn.:* (zich) vermaken	**(sich) amüsieren**
We **hebben ons** gisteren geweldig **geamuseerd**.	Wir haben uns gestern unheimlich amüsiert.
amusant [amyz'ɑnt] *Adj., Adv. (-e, -er, -st) Syn.:* vermakelijk	**unterhaltsam**
Ik vond het een heel **amusante** avond.	Ich fand es einen sehr unterhaltsamen Abend.
tevreden [təvr'edə(n)] *Adj., Adv. (-e, -er, -st)*	**zufrieden, froh**
Ik hoop dat u **tevreden** bent met uw kamer?	Ich hoffe, dass Sie mit Ihrem Zimmer zufrieden sind?
de grap [ɣrɑp] *f/m (-pen, -je)*	**der Witz, der Scherz**
Toe, vertel nog eens een **grapje**.	Na, erzähl noch mal einen Witz.
Waarom huil je? Dat was toch maar voor de **grap**!	Warum weinst du? Das war doch nur ein Scherz!

ⓘ Für „**grap**“ in der Bedeutung „Witz“ kann man auch „de **mop**“ (*f/m*, -pen, -je) sagen.

SPORT

de sport [spɔrt] *m (-en, -je)*
In mijn vrije tijd doe ik nogal veel aan **sport**.

der Sport
In meiner Freizeit treibe ich ziemlich viel Sport.

het team [tiːm] *n (-s, -pje)*
Syn.: de ploeg
We kunnen nog een paar goede spelers voor ons **team** gebruiken.

die Mannschaft, das Team
Wir können noch ein paar gute Spieler für unsere Mannschaft gebrauchen.

de voetbal [v'udbɑl] *m (-len, -letje)*
Ik heb voor mijn verjaardag een echte leren **voetbal** gekregen.

der Fußball (Gegenstand)
Ich habe zum Geburtstag einen echten Lederfußball bekommen.

het voetbal [v'udbɑl] *n (o. Pl. und Dim.)*
Vind je ook niet dat ze bij het betaalde **voetbal** te veel verdienen?

der Fußball, das Fußballspiel
Findest du nicht auch, dass sie beim Profifußball zu viel verdienen?

de speler [sp'elər] *m (-s, -tje)*
Fem.: de speelster
Ze moesten met z'n tienen spelen. Eén **speler** was ziek.

der Spieler
Sie mussten zu zehnt spielen. Ein Spieler war krank.

de bal [bɑl] *m (-len, -letje)*
Vader was zo woedend over de gebroken ruit dat hij de **bal** over de muur trapte.

der Ball
Vater war so wütend über die zerbrochene Scheibe, dass er den Ball über die Mauer trat.

trainen [tr'enə(n)], *Flandern auch* [tr'ɛːnə(n)] *V/t, V/i*
Als je zin hebt, kan/kun je gerust eens meedoen. We **trainen** altijd 's woensdags.

trainieren
Wenn du Lust hast, kannst du ruhig mal mitmachen. Wir trainieren immer mittwochs.

ⓘ **Vorsicht**: „**traineren**“ (*V/t*) gibt es im Niederländischen auch. Es bedeutet „(sich) hinziehen“, „(sich) in die Länge ziehen“. Ik heb de indruk dat u onze zaak met opzet **traineert**. (Ich habe den Eindruck, dass Sie unsere Sache absichtlich in die Länge ziehen.)

de wedstrijd [w'ɛtstrɛit] *m (-en, -je) Syn.:* de match
Weet je wie er uiteindelijk de **wedstrijd** heeft gewonnen?

das Spiel, der Wettkampf
Weißt du, wer letztendlich das Spiel gewonnen hat?

de race [res] *m (-s, -je) Syn.:* de wedren, de wedloop — **das Rennen**

Omdat hij drugs had genomen, mocht hij niet aan de **race** deelnemen. — Weil er Drogen genommen hatte, durfte er nicht am Rennen teilnehmen.

de start [stɑrt] *m (-s, -je)* — **der Start**

Alle deelnemers worden verzocht zich naar de **start** te begeven. — Alle Teilnehmer werden gebeten, sich zum Start zu begeben.

het record [rək'ɔːr], *Flandern auch* [rək'ɔrt] *n (-s, -je)* — **der Rekord**

Hij deed zijn best om het **record** te breken, maar het lukte hem niet. — Er tat sein Bestes, um der Rekord zu brechen, aber es gelang ihm nicht.

rennen [r'ɛnə(n)] *V/i* — **rennen**

Toen hij de knal hoorde, **rende** hij zo snel hij kon. — Als er den Knall hörte, rannte er so schnell, wie er konnte.

ⓘ Bei den Bewegungsverben (z. B. dansen, lopen, reizen, rennen, rijden, skiën, springen, varen, vliegen, wandelen, zwemmen) können das Perfekt und das Plusquamperfekt sowohl mit „hebben“ als auch mit „zijn“ gebildet werden. „Hebben“ wird verwendet, wenn die Aktivität selbst betont wird, mit „zijn“ wird eine Ortsveränderung oder eine Richtung ausgedrückt: Gisteren **hebben** we de hele dag **gewandeld**. (Gestern sind wir den ganzen Tag herumspaziert.) We **zijn** van Venlo naar Tilburg **gelopen**. (Wir sind von Venlo nach Tilburg gelaufen.)

zwemmen [zw'ɛmə(n)] *V/i* — **schwimmen**

Als je wilt, gaan we morgen **zwemmen**. — Wenn du möchtest, gehen wir morgen schwimmen.

skiën [sk'ijə(n)] *V/i* — **Ski laufen, Ski fahren**

Papa heeft beloofd dat we in de winter weer gaan **skiën**. — Papa hat versprochen, dass wir im Winter wieder Ski fahren gehen.

paardrijden [p'artrɛidə(n)] *V/i* — **reiten**

's Morgens kan/kun je in het bos heerlijk **paardrijden**. — Morgens früh kann man im Wald herrlich reiten.

roeien [r'ujə(n)] *V/i* — **rudern**

Nadat we drie uur **geroeid hadden**, waren we volledig uitgeput. — Nachdem wir drei Stunden gerudert waren, waren wir völlig erschöpft.

STAATSWESEN

de politiek [polit'ik] *f (o. Pl. und Dim.) Syn.:* het beleid
die Politik
Politiek heeft me nog nooit erg geïnteresseerd.
Politik hat mich noch nie sehr interessiert.

politiek [polit'ik] *Adj. (-e)*
politisch
De **politieke** partijen zeggen toch allemaal hetzelfde.
Die politischen Parteien sagen doch alle dasselbe.

het land [lɑnt] *n (-en, -je)*
das Land
Spanje is een heel mooi **land**.
Spanien ist ein sehr schönes Land.

de regering [rəɣ'erɪŋ] *f (-en, regerinkje)*
die Regierung
De **regering** heeft een heel moeilijke taak.
Die Regierung hat eine sehr schwierige Aufgabe.

regeren [rəɣ'erə(n)] *V/t, V/i*
regieren
De meeste koningen **regeren** tot ze sterven.
Die meisten Könige regieren, bis sie sterben.

de partij [pɑrt'ɛi] *f (-en, -tje)*
die Partei
Ik zou niet weten op welke **partij** ik moet stemmen.
Ich wüsste nicht, für welche Partei ich stimmen soll.

de koning [k'onɪŋ] *m (-en, koninkje) Fem.:* de koningin
der König
Toen de Belgische **koning** stierf, treurde het hele land.
Als der belgische König starb, trauerte das ganze Land.

de prins [prɪns] *m (-en, -je)*
der Prinz
Hoeveel meisjes er niet op wachten dat er een **prins** langskomt en ze kust?!
Wie viele Mädchen warten nicht darauf, dass ein Prinz vorbeikommt und sie küsst?!

de president [prezid'ɛnt] *m (-en, -je) Fem.:* de presidente
der Präsident
Vanavond houdt de **president** een toespraak.
Heute Abend hält der Präsident eine Ansprache.

de minister [min'ɪstər] *m (-s, -tje)*
der Minister
De **ministers** vergaderden tot diep in de nacht en namen een heel moeilijke beslissing.
Die Minister tagten bis tief in die Nacht und trafen eine sehr schwierige Entscheidung.

de grens [ɣrɛns] *f/m (grenzen, -je)* — **die Grenze**

Binnen Europa zijn er geen **grenzen** meer. — Innerhalb Europas gibt es keine Grenzen mehr.

vreemd [vremt] *Adj., Adv. (-e, -er, -st)* — **fremd, Fremd...**

Ik vind het verstandig als kinderen heel vroeg al **vreemde** talen leren. — Ich finde es vernünftig, wenn Kinder schon sehr früh Fremdsprachen lernen.

de buitenlander [b'œytə(n)lɑndər] *m (-s, -tje) Fem.:* de buitenlandse — **der Ausländer**

Eigenlijk is iedereen overal **buitenlander**. — Eigentlich ist jeder überall Ausländer.

---

de oorlog ['orlɔχ] *m (-en, -je)* — **der Krieg**

Laten we hopen dat er nooit meer **oorlog** komt. — Lasst uns hoffen, dass es nie wieder Krieg gibt.

de vrede [vr'edə] *f/m (-s, o. Dim.)* — **der Frieden**

Wie krijgt er dit jaar de Nobelprijs voor de **vrede**? — Wer bekommt dieses Jahr den Friedensnobelpreis?

de soldaat [sɔld'at] *m (soldaten, -je) Fem.:* de soldate — **der Soldat**

Was je bij het leger officier? – Nee, ik was gewoon **soldaat**. — Warst du bei der Armee Offizier? – Nein, ich war nur Soldat.

het gevecht [ɣəv'ɛχt] *n (-en, -je)* — **der Kampf**

Ik weet niet waarom de toeristen bloedige stieren**gevechten** zo boeiend vinden. — Ich weiß nicht, warum die Touristen blutige Stierkämpfe so spannend finden.

KIRCHE UND RELIGION

de kerk [kɛrk] *f/m (-en, -je)* — **die Kirche**
Ze is heel gelovig, ze gaat iedere zondag naar de **kerk**. — Sie ist sehr gläubig, sie geht jeden Sonntag in die Kirche.

(de) god [ɣɔt] *m (-en, -je)* — **(der) Gott**
Geloof jij niet in **God**? — Glaubst du nicht an Gott?
In de bijbel staat dat er maar één **God** bestaat. — In der Bibel steht, dass es nur einen Gott gibt.

(de) Kerstmis [k'ɛrs(t)mɪs] *m (o. Pl. und Dim.)* — **Weihnachten**
Met **Kerstmis** wordt de geboorte van Jezus gevierd. — Zu Weihnachten wird die Geburt von Jesus gefeiert.

(de) Pasen [p'asə(n)] *m (o. Pl. und Dim.)* — **Ostern**
Met **Pasen** gedenken christenen de opstanding van Jesus. — Zu Ostern gedenken Christen der Auferstehung von Jesus.

de godsdienst [ɣ'ɔtsdinst] *m (-en, -je)* — **die Religion**
Hij wil priester worden en daarom studeert hij **godsdienst**. — Er möchte Priester werden, und deshalb studiert er Religion.

religieus [relіɣj'øs] *Adj., Adv. (religieuze, religieuzer, -t)* — **religiös, fromm, gläubig**
Jehovah's Getuigen zijn een **religieuze** sekte. — Jehovas Zeugen sind eine religiöse Sekte.

DORF UND STADT

de plaats [plats] *m (-en, -je)* — **der Ort, der Platz, die Stelle**
Op deze **plaats** zijn naar het schijnt ufo's geland. — An diesem Ort sind, wie es scheint, Ufos gelandet.
Sorry, is deze **plaats** nog vrij? — Entschuldigung, ist dieser Platz noch frei?

de stad [stɑt] *f/m (steden, -je)* — **die Stadt**
Zullen we vanmiddag in de **stad** gaan winkelen? — Wollen wir heute Nachmittag in der Stadt einkaufen gehen?

het platteland [plɑtəl'ɑnt] *n (o. Pl. und Dim.) Syn.:* het land — **das Land**
Ik woon graag op het **platteland**. Hier is het veel rustiger. — Ich wohne gerne auf dem Land. Hier ist es viel ruhiger.

het dorp [dɔrp] *n (-en, -je)*
Zijn ouders wonen in een **dorpje**, vlak aan de grens.

das Dorf
Seine Eltern wohnen in einem Dorf, direkt an der Grenze.

het centrum [s'ɛntrʏm] *n (-s und centra, -pje)*
In de meeste dorpen ligt de kerk midden in het **centrum**.

das Zentrum
In den meisten Dörfern liegt die Kirche mitten im Zentrum.

de binnenstad [b'ɪnə(n)stɑt] *f/m (binnensteden, -je)*
De meeste winkels liggen in de **binnenstad**.

die Innenstadt, die City
Die meisten Geschäfte liegen in der Innenstadt.

het gebouw [ɣəb'ɑu] *n (-en, -tje) Syn.:* het pand
Alle **gebouwen** die u hier ziet, zijn nieuw.

das Gebäude
Alle Gebäude, die Sie hier sehen, sind neu.

het paleis [pal'ɛis] *n (paleizen, -je)*
De koning en de koningin wonen in een groot **paleis** met heel veel kamers.

der Palast, das Schloss
Der König und die Königin wohnen in einem großen Palast mit sehr vielen Zimmern.

de toren [t'orə(n)] *m (-s, -tje)*
De bekendste Europese **toren** is waarschijnlijk wel de scheve **toren** van Pisa.

der Turm
Der bekannteste europäische Turm ist vermutlich doch der schiefe Turm von Pisa.

het plein [plɛin] *n (-en, -tje)*
De bussen wachten op het **plein** voor het stadhuis.

der Platz
Die Busse warten auf dem Platz vor dem Rathaus.

de zaal [zal] *f/m (zalen, -tje)*
Voor zijn feest had hij een klein **zaaltje** gehuurd.

der Saal
Für seine Feier hatte er einen kleinen Saal gemietet.

de straat [strat] *f/m (straten, -je)*
In de zomer zitten alle mensen hier gezellig op **straat** een biertje te drinken.

die Straße
Im Sommer sitzen alle Leute hier gemütlich auf der Straße und trinken ein Bier.

de weg [wɛχ] *m (-en, -getje/-je)*
Het is nogal moeilijk de **weg** te beschrijven. Rijdt u maar achter ons aan.

der Weg
Es ist ziemlich schwierig, den Weg zu beschreiben. Fahren Sie einfach hinter uns her.

Eine Landstraße heißt „de **secundaire weg**“ (*m*, -en), eine Bundesstraße „de **rijksweg**“ (*m*, -en), eine Schnellstraße „de **snelweg**“ (*m*, -en) und eine Autobahn „de **autosnelweg**“ (*m*, -en) oder „de **autobaan**“ (*f/m*, autobanen, -tje), in Flandern oft auch „de **autostrade**“ (*f/m*, -s).

de brug [brʏχ] *f/m (-gen, -getje/ -je)* — **Brücke** *f*
Ziet u daarginds die **brug** over de rivier? — Sehen Sie dort hinten die Brücke über den Fluss?

de boerderij [burdər'ɛi] *f (-en, -tje) Syn.:* de hoeve — **der Bauernhof**
In ons dorp zijn er nog veel **boerderijen**. — In unserem Dorf gibt es noch viele Bauernhöfe.

de omheining [ɔmh'ɛinɪŋ] *f (-en, omheininkje)* — **der Zaun**
Ik heb gezegd dat iedereen kan binnenkijken, maar jij wilde geen **omheining**. — Ich habe gesagt, dass jeder hereinschauen kann, aber du wolltest ja keinen Zaun.

LANDSCHAFT

het uitzicht ['œytsɪχt] *n (-en, -je)* — **der Blick, die Aussicht**
We hadden een mooie kamer met **uitzicht** op zee. — Wir hatten ein schönes Zimmer mit Blick auf das Meer.

de grond [ɣrɔnt] *m (-en, -je)* — **der Boden, die Erde**
Ik heb geen stoel nodig, ik zit gewoon op de **grond**. — Ich brauche keinen Stuhl, ich sitze lieber auf dem Boden.

de heuvel [h'øvəl] *m (-s, -tje)* — **der Hügel**
Klopt het dat Rome op zeven **heuvels** is gebouwd? — Stimmt es, dass Rom auf sieben Hügeln gebaut wurde?

de berg [bɛrχ] *m (-en, -je)* — **der Berg**
Is de Mount Everest echt de hoogste **berg** op aarde? — Ist der Mount Everest wirklich der höchste Berg auf Erden?

de top [tɔp] *m (-pen, -je)* — **der Gipfel**
Vanaf de **top** van de berg heb je een mooi uitzicht over de hele omgeving. — Vom Gipfel des Berges aus hat man eine schöne Aussicht auf die ganze Umgebung.

het dal [dɑl] *n (-en, -letje)*
Syn.: de vallei
De bergen zijn kaal en lelijk, maar in de **dalen** is de natuur gewoon heerlijk.

das Tal
Die Berge sind kahl und hässlich, aber in den Tälern ist die Natur einfach herrlich.

de kust [kʏst] *f/m (-en, -je)*
Ik vind de Belgische **kust** mooier dan de Nederlandse.

die Küste
Ich finde die belgische Küste schöner als die niederländische.

het strand [strɑnt] *n (-en, -je)*
Trek je laarzen aan, dan gaan we lekker op het **strand** wandelen.

der Strand
Ziehe deine Stiefel an, dann gehen wir gemütlich am Strand spazieren.

de rivier [riv'ir] *f/m (-en, -tje)*
In de bergen zijn de **rivieren** nog zo zuiver dat je het water kan drinken.

der Fluss
In den Bergen sind die Flüsse noch so sauber, dass man das Wasser trinken kann.

het meer [mer] *n (meren, -tje)*
Was je al eens in Finland? Daar zijn veel **meren**.

der See
Warst du schon mal in Finnland? Da gibt es viele Seen.

de bron [brɔn] *f/m (-nen, -netje)*
Kan/Kun je het water uit deze **bron** drinken?

die Quelle
Kann man das Wasser aus dieser Quelle trinken?

het bos [bɔs] *n (-sen, -je)*
In het sprookje loopt Roodkapje door een groot **bos** en ontmoet de wolf.

der Wald
In dem Märchen läuft Rotkäppchen durch einen großen Wald und trifft den Wolf.

het veld [vɛlt] *n (-en, -je)*
De vogels zaten op het **veld** en aten de zaadjes op.

das Feld
Die Vögel saßen auf dem Feld und fraßen die Samen.

het park [pɑrk] *n (-en, -je)*
Achter het hotel was (er) een reuzegroot **park**.

der Park
Hinter dem Hotel gab es einen riesengroßen Park.

het pad [pɑt] *n (-en, paadje)*
Kinderen, let wel op dat jullie op de **paden** blijven.

der Pfad, der Weg
Kinder, passt schön auf, dass ihr auf den Wegen bleibt.

NATUR

de natuur [nat'yr] *f (o. Pl., -tje)* — **die Natur**
In de lente is de **natuur** het mooist. — Im Frühling ist die Natur am schönsten.

natuurlijk [nat'yrlək] *Adj. (-e, -er, -st)* — **natürlich**
Is hij vergiftigd of is hij een **natuurlijke** dood gestorven? — Ist er vergiftet worden, oder ist er eines natürlichen Todes gestorben?

het licht [lɪχt] *n (-en, -je)* — **das Licht**
In de winter zijn veel mensen depressief, omdat er te weinig **licht** is. — Im Winter sind viele Leute depressiv, weil es zu wenig Licht gibt.

de lucht [lʏχt] *f/m (-en, -je)* — **die Luft**
In de bergen is de **lucht** nog gezond. — In den Bergen ist die Luft noch gesund.

het water [w'atər] *n (o. Pl., -tje)* — **das Wasser**
Ik heb dorst. Heeft u misschien een glaasje **water**? — Ich habe Durst. Hätten Sie vielleicht ein Glas Wasser?

de golf [ɣɔlf] *f/m (-en, -je)* — **die Welle, die Woge**
Hij liet zich met de **golven** meedrijven. — Er ließ sich mit den Wellen mittreiben.

de hitte [h'ɪtə] *f (o. Pl, o. Dim.)* — **die Hitze**
Door de aanhoudende **hitte** drogen vele rivieren uit. — Wegen der anhaltenden Hitze trocknen viele Flüsse aus.

het vuur [vyr] *n (vuren, -tje)* — **das Feuer**
In de open haard brandde een lekker warm **vuurtje**. — Im offenen Kamin brannte ein schönes warmes Feuer.

de kou [kɑu] *f (o. Pl. und Dim.)* — **die Kälte**
Vorige winter zijn veel dieren omgekomen van de **kou**. — Im letzten Winter sind viele Tiere vor Kälte umgekommen.

koel [kul] *Adj. (-e, -er,- st)* — **kühl**
Die **koele** wind doet goed. — Der kühle Wind tut gut.

het ijs [ɛis] *n (o. Pl. und Dim.)* — **das Eis**
Het **ijs** is nog te dun om er al op te lopen. — Das Eis ist noch zu dünn, um schon darauf zu laufen.

het dier [dir] *n (-en, -tje)*
Je mag de **dieren** wel aaien, maar niet voeren.

das Tier
Du darfst die Tiere schon streicheln, aber nicht füttern.

wild [wɪlt] *Adj., Adv. (-e, -er, -st)*
Zijn jullie kinderen ook zo **wild**?

wild
Sind eure Kinder auch so wild?

de vogel [v'oɣəl] *m (-s, tje)*
Mama, de poes heeft alweer een **vogeltje** gevangen!

der Vogel
Mama, die Katze hat schon wieder einen Vogel gefangen.

vliegen [vl'iɣə(n)] *V/i*
'S Nachts droom ik vaak dat ik kan **vliegen**.

fliegen
Nachts träume ich oft, dass ich fliegen kann.

de vis [vɪs] *m (-sen, -je)*
Hebben jullie ook **vissen** in de vijver?

der Fisch
Habt ihr auch Fische im Teich?

de hond [hɔnt] *m (-en, -je)*
Wees niet bang voor de **hond**. Hij bijt niet.

der Hund
Hab keine Angst vor dem Hund. Er beißt nicht.

de poes [pus] *f (poezen, -je)*
Syn.: de kat *Masc.:* de kater
Ons dochtertje zou graag een **poesje** hebben.

die Katze
Unsere Tochter hätte gerne eine Katze.

de kip [kɪp] *f (-pen, -petje/-je)*
Masc.: de haan
Heeft jullie **kippetje** al eieren gelegd?

das Huhn
Hat euer Huhn schon Eier gelegt?

het varken [v'ɑrkə(n)] *n (-s, -tje)*
De **varkens** stonden in de modder te knorren.

das Schwein
Die Schweine standen im Schlamm und grunzten.

het paard [part] *n (-en, -je)*
De ruiter klom op zijn **paard** en reed weg.

das Pferd
Der Reiter kletterte auf sein Pferd und ritt weg.

de koe [ku] *f (koeien, -tje)*, *Masc.:* de stier
Als je wilt, mag je de **koe** zelf eens melken.

die Kuh
Wenn du möchtest, darfst du die Kuh selbst mal melken.

het vee [ve] *n (o. Pl. und Dim.)*
Overdag graast het **vee** op de wei, 's nachts slaapt het.

das (Rind)Vieh, die Rinder
Tagsüber grast das Vieh auf der Wiese, nachts schläft es.

het schaap [sχap] *n (schapen, -je)*
De **schapen** stonden op de wei te grazen.

das Schaf
Die Schafe standen auf der Wiese und grasten.

de muis [mœys] *f (muizen, -je)*
Sinds we een poes hebben, heb ik geen **muizen** meer gezien.

die Maus
Seit wir eine Katze haben, habe ich keine Mäuse mehr gesehen.

de staart [start] *m (-en, -je)*
Toen hij zijn baasje zag, kwispelde de hond met zijn **staart**.

der Schwanz
Als er sein Herrchen sah, wedelte der Hund mit dem Schwanz.

---

de plant [plɑnt] *f/m (-en, -je)*
Ken jij al die **planten** bij hun naam?

die Pflanze
Kennst du alle diese Pflanzen beim Namen?

de boom [bom] *m (bomen, -pje)*
Toen hij de boer zag komen, kletterde hij snel in een **boom** en verstopte zich.

der Baum
Als er den Bauern kommen sah, kletterte er schnell auf einen Baum und versteckte sich.

de struik [strœyk] *m (-en, -je)*
De dief verstopte zijn buit onder een **struik**.

der Strauch, der Busch
Der Dieb versteckte seine Beute unter einem Strauch.

het gras [ɣrɑs] *n (o. Pl und Dim.)*
Het **gras** is veel te lang, je moet het weer eens maaien.

das Gras
Das Gras ist viel zu lang, du solltest es mal wieder mähen.

het blad [blɑt] *n (-eren, blaadje)*
In de herfst vallen de **bladeren** van de bomen.

das Blatt
Im Herbst fallen die Blätter von den Bäumen.

het fruit [frœyt] *n (o. Pl. und Dim.)*
Hun kinderen leven ongezond, ze eten nooit **fruit**.

das Obst
Ihre Kinder leben ungesund, sie essen nie Obst.

de bloem [blum] *f/m (-en, -pje)* — **die Blume**
Toen ze naar huis kwamen, waren alle **bloemen** in de tuin uitgedroogd. — Als sie nach Hause kamen, waren alle Blumen im Garten ausgetrocknet.

---

de wereld [w'erəlt] *f/m (-en, -je)* — **die Welt**
Denk jij dat de **wereld** ooit zal vergaan? — Denkst du, dass die Welt je untergehen wird?

de maan [man] *f/m (manen, -tje)* — **der Mond**
Als er geen wolken zijn, kan je de **maan** goed zien. — Wenn es keine Wolken gibt, kann man den Mond gut sehen.

de aarde ['ardə] *f/m (o. Pl. und Dim.)* — **die Erde**
Het interesseert me wel hoe de **aarde** is ontstaan. — Es interessiert mich schon, wie die Erde entstanden ist.

de ster [stɛr] *f/m (-ren, -retje)* — **der Stern**
Gisteravond kon je de **sterren** heel goed zien. — Gestern Abend konnte man die Sterne sehr gut sehen.

de zon [zɔn] *f/m (-nen, -netje)* — **die Sonne**
Gisteren heeft de **zon** de hele dag geschenen. — Gestern hat die Sonne den ganzen Tag geschienen.

schijnen [sχ'ɛinə(n)] *V/i, V/aux* — **scheinen**
In de winter **schijnt** de zon nauwelijks. — Im Winter scheint die Sonne kaum.
Hij **schijnt** heel rijk te zijn. — Er scheint sehr reich zu sein.

de lucht [lʏχt] *f/m (-en, -je)* — **die Luft, der Himmel**
Het vliegtuig vloog hoog in de **lucht**. — Das Flugzeug flog hoch am Himmel.
Ik krijg geen **lucht** meer, ik stik! — Ich bekomme keine Luft mehr, ich ersticke!

het noorden [n'ordə(n)] *n (o. Pl. und Dim.)* — **der Norden**
Nederland ligt ten **noorden** van België. — Die Niederlande liegen nördlich von Belgien.

het zuiden [z'œydə(n)] *n (o. Pl. und Dim.)* — **der Süden**
In de lente vliegen we naar het **zuiden** van Spanje. — Im Frühling fliegen wir in den Süden Spaniens.

het oosten ['ostə(n)] *n (o. Pl. und Dim.)* — **der Osten**
In het **oosten** van België wordt (er) ook Duits gesproken. — Im **Osten** Belgiens wird auch Deutsch gesprochen.

het westen [w'ɛstə(n)] *n (o. Pl. und Dim.)* — **der Westen**
De zon gaat onder in het **westen**. — Die Sonne geht im Westen unter.

de zee [ze] *f/m (-ën, -tje)* — **das Meer, die See**
Ze brengen hun vakantie meestal door aan de Middellandse **Zee**. — Sie verbringen ihren Urlaub meistens am Mittelmeer.

de oceaan [osej'an] *m (oceanen, -tje)* — **der Ozean, das Meer**
Hij probeerde de **oceaan** over te zwemmen en verdronk. — Er versuchte, über den Ozean zu schwimmen und ertrank.

WETTER UND KLIMA

het weer [wer] *n (o. Pl., -tje)* — **das Wetter**
Hadden jullie mooi **weer** in Spanje? — Hattet ihr schönes Wetter in Spanien?
Lekker **weertje**, he?! — Schönes Wetter, nicht?!

de sneeuw [snew] *f/m (o. Pl. und Dim.)* — **der Schnee**
Op de Zugspitze ligt al twee meter **sneeuw**. — Auf der Zugspitze liegt schon zwei Meter Schnee.

sneeuwen [sn'ewə(n)] *V/i* — **schneien**
Ik zou zo graag hebben dat het met Kerstmis nog eens **sneeuwt**. — Ich hätte so gerne, dass es zu Weihnachten noch einmal schneit.

(be)vriezen [bəvr'izə(n)] *V/i* — **(zu)frieren**
Denk je dat het vannacht gaat **vriezen**? — Denkst du, dass es heute Nacht frieren wird?

de wind [wɪnt] *m (-en, -je)* — **der Wind**
We kunnen niet badmintonnen, er is te veel **wind**. — Wir können kein Badminton spielen, es ist zu viel Wind.

de storm [stɔrm] *m (-en, -pje)* — **der Sturm**
Door de zware **storm** werden veel huizen vernietigd. — Durch den schweren Sturm wurden viele Häuser zerstört.

waaien [w'ajə(n)] *V/i, V/t* Ik ga niet wandelen, het **waait** veel te hard buiten.	**wehen** Ich gehe nicht spazieren, es weht draußen viel zu stark.
de wolk [wɔlk] *f/m (-en, -je)* Alhoewel er geen **wolken** waren, begon het toch opeens te regenen.	**die Wolke** Obwohl es keine Wolken gab, fing es dennoch auf einmal an zu regnen.
de nevel [n'evəl] *m (-s und -en, -tje) Syn.:* de mist De **nevel** was zo dicht dat ik niets meer kon zien.	**der Nebel** Der Nebel war so dicht dass ich nichts mehr sehen konnte.
de regen [r'eɣə(n)] *m (-s, -tje)* Na die hittegolf is zo'n koel **regentje** wel lekker.	**der Regen** Nach dieser Hitzewelle tut so ein kühler Regen schon gut.

UMWELTPROBLEME

het milieu [mɪlj'ø] *n (-s, o. Dim.)* Een jaar of tien geleden werd er maar weinig gedaan voor het **milieu**.	**die Umwelt** Vor etwa zehn Jahren wurde nur sehr wenig für die Umwelt getan.
de vervuiling [vərv'œylɪŋ] *f (-en, vervuilinkje)* En wat wil je doen tegen de **vervuiling** van de bossen en rivieren?	**die Verschmutzung** Und was willst du gegen die Verschmutzung der Wälder und Flüsse tun?
vervuilen [vərv'œylə(n)] *V/t* Wat doe je tegen mensen die het milieu **vervuilen**?	**verschmutzen, verseuchen** Was tut man gegen Leute, die die Umwelt verschmutzen?
de rook [rok] *m (o. Pl., -je)* Ik blijf liever buiten, ik kan niet tegen de **rook**.	**der Rauch** Ich bleibe lieber draußen, ich vertrage den Rauch nicht.
de/het afval ['ɑfɑl] *m/n (o. Pl. und Dim.) Syn.:* de/het vuilnis Gooi de/het **afval** maar in de vuilnisbak.	**der Abfall, der Müll** Schmeiß den Abfall einfach in den Mülleimer.

ENERGIE UND TECHNIK

de energie [enɛrʒ'i], [enɛrɣ'i] *f (-ën, o. Dim.)* — **die Energie**

We moeten een weg vinden om **energie** te sparen. — Wir müssen einen Weg finden, um Energie zu sparen.

de stroom [strom] *m (o. Pl., o. Dim.)* — **der Strom**

Gisteravond viel thuis plotseling de **stroom** uit. — Gestern Abend fiel zu Hause plötzlich der Strom aus.

de elektriciteit [elɛktrisit'ɛit] *f (o. Pl. und Dim.)* — **die Elektrizität**

Ik vraag me af hoe de mensen vroeger zonder **elektriciteit** konden leven. — Ich frage mich, wie die Leute früher ohne Elektrizität leben konnten.

de machine [mɑʃ'inə] *f (-s, machientje)* — **die Maschine**

Bij de rondleiding hebben we heel wat **machines** gezien. — Bei der Führung haben wir einige Maschinen gesehen.

de motor [m'otər] *m (-s und -en, -tje)* — **der Motor, die Maschine**

De auto start niet meer. De **motor** is stuk. — Das Auto startet nicht mehr. Der Motor ist kaputt.

de leiding [l'ɛidɪŋ] *f (-en, leidinkje)* — **die Leitung**

Het water vloeit niet af. De **leiding** is verstopt — Das Wasser fließt nicht ab. Die Leitung ist verstopft.

de pomp [pɔmp] *f/m (-en, -pje)* — **die Pumpe**

Onze kelder staat onder water. Hebben jullie een **pomp**? — Unser Keller steht unter Wasser. Habt ihr eine Pumpe?

de buis [bœys] *f/m (buizen, -je)* — **das Rohr, die Röhre**

Door een lek in de **buis** kon het gas ontsnappen. — Durch ein Leck im Rohr konnte das Gas entweichen.

de veer [ver] *f/m (veren, -tje)* — **die Feder**

Bij onze oude matras komen de **veren** er uit. — Bei unserer alten Matratze kommen die Federn heraus.

INFORMATIONSTECHNIK

de computer [kɔmpj'utər] *m (-s, -tje)* — **der Computer, der Rechner**

Persoonlijke brieven schrijf je niet met de **computer**! — Persönliche Briefe schreibt man nicht mit dem Computer!

de hardware [ha:rdwɛ:r] *m (o. Pl und Dim.)* — **die Hardware**

De fout zit niet in het programma, maar in de **hardware**. — Der Fehler steckt nicht im Programm, sondern in der Hardware.

de software [sɔftwɛ:r] *m (o. Pl. und Dim.)* — **die Software**

Onze firma ontwikkelt voor ieder probleem de geschikte **software**. — Unsere Firma entwickelt für jedes Problem die geeignete Software.

het gegeven [ɣəɣ'evə(n)] *n (-s, -tje)* — **die Daten** *(Pl.)*

Er ontbreken nog een paar **gegevens** in uw c.v. — Es fehlen noch ein paar Daten in Ihrem Lebenslauf.

het menu [mən'y] *n (-'s, -tje)* — **das Menü**

Het bevel “opslaan” vindt u in het **menu** “Bestand”. — Den Befehl „Speichern“ finden Sie im Menü „Datei“.

de printer [pr'ɪntər] *m (-s, -tje)* — **der Drucker**

Ik kan de tekst niet afdrukken, de **printer** is stuk. — Ich kann den Text nicht ausdrucken, der Drucker ist kaputt.

MATERIALIEN

hard [hart] *Adj. (-e, -er, -st)* — **hart**

Op zo'n **harde** matras kan ik niet slapen. — Auf solch einer harten Matratze kann ich nicht schlafen.

zacht [zaχt] *Adj. (-e, -er, -st)* — **weich**

Hoe krijg jij je handdoeken zo lekker **zacht**? — Wie bekommst du deine Handtücher so schön weich?

droog [droχ] *Adj. (droge, droger, -st)* — **trocken**
Kan je even voelen of de was al **droog** is? — Kannst du mal fühlen, ob die Wäsche schon trocken ist?

nat [nɑt] *Adj. (-te, -ter, -st)* — **nass**
Toen hij uit (het) bad kwam, was de badkamer **nat**. — Als er aus der Wanne kam, war das Badezimmer nass.

glad [ɣlɑt] *Adj. (-de, -der, -st)* — **glatt, eben**
Pas op dat je niet uitglijdt, het is hier **glad**! — Pass auf, dass du nicht ausrutschst, es ist hier glatt!

ruw [ryw] *Adj. (-e, -er, -st)* — **rau, grob, uneben**
Heb jij misschien wat crème voor mijn **ruwe** huid. — Hast du vielleicht etwas Creme für meine raue Haut.

grof [ɣrɔf] *Adj. (grove, grover, -st)* — **grob**
Ik kan je jammer genoeg geen beter cijfer geven, je hebt een paar **grove** fouten gemaakt. — Ich kann dir leider keine bessere Note geben, du hast ein paar grobe Fehler gemacht.

de/het poeder [p'udər] *m/n (-s, -tje)* — **das Pulver, das Puder**
Heeft u liever een zalfje of een **poedertje**? — Hätten Sie lieber Salbe oder Puder?

(gemaakt) van [vɑn] *Präp.* — **aus**
De lijst is **van** hout, niet **van** plastiek. — Der Rahmen ist aus Holz, nicht aus Plastik.

echt [ɛχt] *Adj. (-e, -er, -st)* — **echt**
Ik kon toch niet weten dat de revolver **echt** was! — Ich konnte doch nicht wissen, dass der Revolver echt war!

het hout [hɑut] *n (als Stoffname o. Pl. und Dim.; sonst: -en, -je)* — **das Holz**
Vader is in de tuin **hout** aan het hakken. — Vater ist im Garten und hackt Holz.

houten [h'ɑutə(n)] *Adj.* — **Holz..., hölzern**
Ze hebben een mooie **houten** trap in de hal. — Sie haben eine schöne Holztreppe im Flur.

de steen [steːn] *m (als Stoffname o. Pl. und Dim.; sonst: stenen, -tje)*	**der Stein**
Hun zoontje verzamelt ronde **stenen**.	Ihr Sohn sammelt runde Steine.
de kool [koːl] *f/m (als Stoffname o. Pl. und Dim.; sonst: kolen, -tje)*	**die Kohle**
Mijn grootouders stookten vroeger nog met **kolen.**	Meine Großeltern heizten früher noch mit Kohlen.
de olie [ˈoːli] *f/m (als Stoffname o. Pl. und Dim.; sonst: -s, -tje)*	**das Öl**
Wanneer heeft u voor het laatst de **olie** ververst?	Wann haben Sie zuletzt das Öl gewechselt?
het gas [ɣɑs] *n (als Stoffname o. Pl. und Dim.; sonst: -sen, -je)*	**das Gas**
Wij verwarmen met **gas**, dat is goedkoper dan aardolie.	Wir heizen mit Gas, das ist billiger als Erdöl.
de/het katoen [kaˈtun] *m/n (als Stoffname o. Pl. und Dim.; sonst: -en, -tje)*	**die Baumwolle**
Is dat shirt van **katoen**?	Ist das Shirt aus Baumwolle?
de wol [wɔl] f/m *(als Stoffname o. Pl. und Dim.; sonst: -len, -tje)*	**die Wolle**
Ik geloof niet dat dit echte **wol** is.	Ich glaube nicht, dass dies echte Wolle ist.
het metaal [meˈtaːl] *n (als Stoffname o. Pl. und Dim.; sonst: metalen, -tje)*	**das Metall**
Sinds de operatie heeft hij een **metalen** schroef in zijn linkerknie.	Seit der Operation hat er eine Metallschraube im linken Knie.
het goud [ɣɑut] *n (o. Pl. und Dim.)*	**das Gold**
Hun trouwringen zijn van echt wit **goud**.	Ihre Eheringe sind aus echtem Weißgold.
het zilver [ˈzɪlvər] *n (o. Pl. und Dim.)*	**das Silber**
Vóór het feest moet ik in ieder geval het **zilver** nog poetsen!	Vor der Feier muss ich auf jeden Fall noch das Silber putzen!

ESSEN UND TRINKEN

de voeding [v'udɪŋ] *f (o. Pl. und Dim.)* — **die Nahrung**

Als je gezond wilt leven, moet je wel goed op je **voeding** letten. — Wenn du gesund leben möchtest, solltest du schon auf deine Nahrung achten.

eten ['etə(n)] *V/i, V/t* — **essen**

Ik heb grote honger. Ik **heb** de hele dag nog niets **gegeten**. — Ich habe großen Hunger. Ich habe den ganzen Tag noch nichts gegessen.

het eten ['etə(n)] *n (o. Pl., o. Dim)* — **das Essen**

Het **eten** in het hotel was echt voortreffelijk! — Das Essen im Hotel war wirklich vorzüglich!

drinken [dr'ɪŋkə(n)] *V/i, V/t* — **trinken**

Heb je dorst? Wil je soms iets **drinken**? — Hast du Durst? Möchtest du vielleicht etwas trinken?

hongerig [h'ɔŋərəχ] *Adj. (-e, -er, -st)* — **hungrig**

Heb je nog niets gegeten? Je ziet er zo **hongerig** uit. — Hast du noch nichts gegessen? Du siehst so hungrig aus.

de honger [h'ɔŋər] *m (o. Pl. und Dim.)* — **der Hunger**

Ik sterf van de **honger**. Wanneer is het eten klaar? — Ich sterbe vor Hunger. Wann ist das Essen fertig?

de dorst [dɔrst] *m (o. Pl. und Dim.)* — **der Durst**

Als je **dorst** hebt, neem je maar wat uit de koelkast. — Wenn du Durst hast, nimm dir einfach etwas aus dem Kühlschrank.

de maaltijd [m'altɛit] *m (-en, -je)* — **die Mahlzeit**

Na de rondleiding is er nog een kleine **maaltijd** gepland. — Nach der Führung ist noch eine kleine Mahlzeit geplant.

het ontbijt [ɔndb'ɛit] *n (-en, -je)* — **das Frühstück**

We vertrekken na het **ontbijt**. Dan is het nog niet druk. — Wir fahren nach dem Frühstück los. Dann ist noch nicht viel los.

het middagmaal [m'ɪdɑχmal] *n (middagmalen, -tje)* — **das Mittagessen**
Na het **middagmaal** ga ik gewoonlijk even slapen. — Nach dem Mittagessen lege ich mich gewöhnlich kurz hin.

het avondmaal ['avɔntmal] *n (avondmalen, -tje)* — **das Abendessen**
Na het **avondmaal** spelen we vaak nog een spelletje. — Nach dem Abendessen spielen wir oft noch ein Spiel.

het gerecht [ɣər'ɛχt] *n (-en, -je)* — **das Gericht, die Speise**
Ober, heeft u alleen maar **gerechten** à la carte? — Herr Ober, haben Sie nur Gerichte à la carte?

LEBENSMITTEL

het brood [brot] *n (broden, -je)* — **das Brot**
Kan jij eens eventjes naar de bakker gaan? We hebben bijna geen **brood** meer. — Kannst du mal eben zum Bäcker gehen? Wir haben fast kein Brot mehr.

de melk [mɛlk] *f/m (o. Pl. und Dim.)* — **die Milch**
Wilt u **melk** in uw koffie of drinkt u hem/haar liever zwart? — Möchten Sie Milch in Ihrem Kaffee oder trinken Sie ihn lieber schwarz?

de boter [b'otər] *f/m (als Stoffname o. Pl. und Dim.; sonst: -s, -tje)* — **die Butter**
Ik lust niet zo graag **boter**. Heb je geen margarine? — Ich mag nicht so gerne Butter. Hast du keine Margarine?

de room [rom] *f/m (als Stoffname o. Pl. und Dim.; sonst: romen, -pje)* — **die Sahne, der Rahm**
Eet je aardbeien liever met **room** of met poedersuiker? — Isst du Erdbeeren lieber mit Sahne oder mit Puderzucker?

de kaas [kas] *m (als Stoffname o. Pl. und Dim.; sonst: kazen, -je)* — **der Käse**
'S Avonds eet ik graag een stukje **kaas** met mosterd. — Abends esse ich gerne ein Stückchen Käse mit Senf.

het ei [ɛi] *n (eieren, -tje)* — **das Ei**
We eten alleen nog maar **eitjes** van onze eigen kippen.
Wir essen nur noch Eier von unseren eigenen Hühnern.

de rijst [rɛist] *m (o. Pl. und Dim.)* — **der Reis**
Klopt het dat Chinese **rijst** niet kleeft?
Stimmt es, dass chinesischer Reis nicht klebt?

de aardappel ['ardɑpəl] *m (-s* und *-en, -tje)* — **die Kartoffel**
Heb jij niet geweten dat frietjes van **aardappelen** worden gemaakt?
Hast du nicht gewusst, dass Pommes aus Kartoffeln hergestellt werden?

de soep [sup] *f/m (-en, -je)* — **die Suppe**
Een bord warme **soep** doet goed als het koud is.
Ein Teller warme Suppe tut gut, wenn es kalt ist.

de jam [dʒɛm] *f/m (-s, o. Dim.)* — **die Marmelade, die Konfitüre**
Welke **jam** moet ik meebrengen? Aardbeien?
Welche Marmelade soll ich mitbringen? Erdbeer?

het gebak [ɣəb'ɑk] *n (o. Pl., -je)* — **der Kuchen, die Torte**
Wil je graag een stukje **gebak** bij de koffie?
Möchtest du gerne ein Stück Kuchen zum Kaffee?

de chocolade [ʃokol'adə] *m (o. Pl. und Dim) Syn.: chocola* — **die Schokolade, der Kakao**
Heb je die reep **chocola(de)** helemaal alleen opgegeten?
Hast du die Tafel Schokolade ganz alleine aufgegessen?
Hebt/Heeft u ook **chocola(de)** met slagroom?
Hätten Sie auch Kakao mit Sahne?

het ijs [ɛis] *n (o. Pl., -je)* — **das Eis**
Het lekkerste **ijs** heb ik in Italië gegeten.
Das leckerste Eis habe ich in Italien gegessen.

het snoepje [sn'upjə] *n (-s)* — **die Süßigkeit**
In plaats van **snoepjes** zou je beter wat fruit eten, dat is gezonder!
Statt Süßigkeiten solltest du lieber etwas Obst essen, das ist gesünder!

zoet [zut] *Adj. (-e, -er, -st)* — **süß**
Is die appel **zoet** of zuur?
Ist dieser Apfel süß oder sauer?

de suiker [s'œykər] *m (als Stoffname o. Pl. und Dim.; sonst: -s, -tje)* — **der Zucker**
Hoeveel klontjes **suiker** wil je? — Wie viele Würfel Zucker möchtest du?

zuur [zyr] *Adj. (zure, -der, -st)* — **sauer**
Zo'n **zure** limonade heb ik nog nooit gedronken! — So eine saure Limonade habe ich noch nie getrunken

bitter [b'ɪtər] *Adj. (-e, -der, -st)* — **bitter**
De bessen zijn nog niet rijp. Ze smaken **bitter**. — Die Beeren sind noch nicht reif. Sie schmecken bitter.

het zout [zɑut] *n (als Stoffname o. Pl. und Dim; sonst: -en, o. Dim.)* — **das Salz**
Kan je me het **zout** even geven? — Kannst du mir das Salz kurz geben?

de peper [p'epər] *m (als Stoffname o. Pl. und Dim; sonst: -s, -tje)* — **der Pfeffer**
Er ontbreken nog **peper** en zout op tafel. — Es fehlen noch Pfeffer und Salz auf dem Tisch.

het blik [blɪk] *n (-ken, -je)* — **die Dose**
Ze kan niet koken. Ze eten alles uit **blikjes**. — Sie kann nicht kochen. Sie essen alles aus Dosen.

---

het vlees [vles] *n (vlezen, -je)* — **das Fleisch**
Hij is vegetariër. Hij eet helemaal geen **vlees**. — Er ist Vegetarier. Er isst überhaupt kein Fleisch.

het varkensvlees [v'ɑrkə(n)sfles] *n (o. Pl. und Dim.)* — **das Schweinefleisch**
Ahmet is moslim. Hij mag geen **varkensvlees** eten. — Ahmet ist Muslim. Er darf kein Schweinefleisch essen.

het rundvlees [r'ʏntfles] *n (o. Pl. und Dim.)* — **das Rindfleisch**
Je proeft wel dat het **rundvlees** is. Maar het moet een oude koe geweest zijn. — Man schmeckt zwar, dass es Rindfleisch ist. Aber es muss eine alte Kuh gewesen sein.

het kippenvlees [k'ɪpə(n)vles] *n (o. Pl. und Dim.) Syn.: kip* — **das Hühnerfleisch**

Ik eet graag **kippenvlees** met zoetzure saus. — Ich esse gerne Hühnerfleisch mit süß-saurer Sauce.

de worst [wɔrst] *f/m (-en, -je)* — **die Wurst**

Klopt het dat de Duitsers zoveel **worst** eten? — Stimmt es, dass die Deutschen so viel Wurst essen?

---

het fruit [frœyt] *n (o. Pl. und Dim.)* — **das Obst**

Wil je als dessert misschien een stukje **fruit**? — Möchtest du zum Nachtisch vielleicht ein Stückchen Obst?

de groente [ɣr'untə] *f (-n, o. Dim.)* — **das Gemüse**

Het eten was niet lekker, de **groenten** waren al oud. — Das Essen war nicht lecker, das Gemüse war schon alt.

de appel ['ɑpəl] *m (-s* und *-en, -tje)* — **der Apfel**

Zijn dat **appelen** uit jullie eigen tuin? — Sind das Äpfel aus eurem eigenen Garten?

de peer [per] *m (peren, -tje)* — **die Birne**

Gloeilampen zien eruit als **peren**, daarom worden ze vaak ook „**peer**" genoemd. — Glühlampen sehen aus wie Birnen, deshalb werden sie oft auch „Birne" genannt.

de sinaasappel [s'inɑsɑpəl] *m (-s und –en, -tje)* — **die Orange, die Apfelsine**

Wil je graag vers geperst **sinaasappel**sap? — Möchtest du gerne frisch gepressten Orangensaft?

de kers [kɛrs] *f (-en, -je)* — **die Kirsche**

Waarom is je mond zo rood? Heb je soms stiekem **kersen** zitten eten? — Warum ist dein Mund so rot? Hast du vielleicht heimlich Kirschen gegessen?

de noot [not] *f/m (noten, -je)* — **die Nuss**

Heb je de **noten** al gepeld? — Hast du die Nüsse schon geschält?

---

de drank [drɑŋk] *m (-en, -je)* — **das Getränk, der Drink, die Arznei**

We hebben geen **drank** meer. — Wir haben keine Getränke mehr.

De dokter heeft me een **drankje** voorgeschreven. — Der Arzt hat mir eine Arznei verschrieben.

de thee [te] *m (als Stoffname o. Pl. und Dim.; sonst: -s, -tje)*	**der Tee**
Als je geen koffie lust, kan ik ook **thee** zetten.	Wenn du keinen Kaffee magst, kann ich auch Tee kochen.
de koffie [k'ɔfi] *m (als Stoffname o. Pl. und Dim.; sonst: -s, -tje)*	**der Kaffee**
Wil er misschien iemand een lekker kopje **koffie**?	Möchte vielleicht jemand eine schöne Tasse Kaffee?
het bier [bir] *n (als Stoffname o. Pl. und Dim.; sonst: -en, -tje)*	**das Bier**
Ik drink nauwelijks alcohol, af en toe eens een glaasje **bier**.	Ich trinke kaum Alkohol, ab und zu mal ein Glas Bier.
de wijn [wɛin] *m (-en, -tje)*	**der Wein**
Bij vis past eigenlijk beter witte **wijn**.	Zum Fisch passt eigentlich besser Weißwein.
de fles [flɛs] *f/m (-sen, -je)*	**die Flasche**
Ik denk dat we in de kelder nog een paar **flessen** wijn hebben.	Ich denke, dass wir im Keller noch ein paar Flaschen Wein haben.

ZUBEREITUNG DER SPEISEN

koken [k'okə(n)] *V/i, V/t*	**kochen, sieden**
Hoe lang moeten de eieren **koken**?	Wie lange sollen die Eier kochen?
bakken [b'ɑkə(n)] *V/t*	**backen**
Zullen we vanmiddag wafels **bakken**?	Wollen wir heute Nachmittag Waffeln backen?
braden [br'adə(n)] *V/t*	**braten**
Heeft het vlees lang genoeg **gebraden**?	Hat das Fleisch lang genug gebraten?
de snee [sne] *f/m (-ën* und *sneden, -tje)*	**die Scheibe**
Wil je nog een **sneetje** brood?	Möchtest du noch eine Scheibe Brot?
de druppel [dr'ʏpəl] *m (-s, -tje)*	**der Tropfen**
Dat was de **druppel** die de emmer deed overlopen.	Das war der Tropfen, der das Fass zum Überlaufen brachte.

GESCHIRR UND BESTECK

de schotel [sχ'otəl] *f/m (-s, -tje)* — **die Schüssel**
De tafel was gevuld met **scho-tels** vol met vlees en groente. — Der Tisch war gefüllt mit Schüsseln voller Fleisch und Gemüse.

de pot [pɔt] *m (-ten, -je)* — **der Topf**
Neem je de **pot** even van het vuur, anders is alles aange-brand. — Nimmst du den Topf kurz vom Herd herunter, sonst ist alles angebrannt.

de pan [pɑn] *f/m (-nen, -netje)* — **die Pfanne**
De **pan** is niet groot genoeg. Het vlees past er niet in. — Die Pfanne ist nicht groß genug. Das Fleisch passt nicht hinein.

het bord [bɔrt] *n (-en, -je)* — **der Teller**
De diepe **borden** zijn voor de soep, de platte **borden** voor het vlees en de aardappelen. — Die tiefen Teller sind für die Suppe, die flachen Teller für das Fleisch und die Kartoffeln.

de kop [kɔp] *m (-pen, -je)* — **die Tasse**
Wil er nog iemand een **kop** warme chocola(de)? — Möchte noch jemand eine Tasse warmen Kakao?

het glas [ɣlɑs] *n (glazen, glaasje)* — **das Glas**
Haal je eens drie **glazen**? Ze staan in de bovenste kast. — Holst du mal drei Gläser? Sie stehen im obersten Schrank.

de vork [vɔrk] *f/m (-en, -je)* — **die Gabel**
Jan, hou eindelijk op je zusje met je **vork** te prikken. — Jan, hör endlich auf, deine Schwester mit deiner Gabel zu stechen.

het mes [mɛs] *n (-sen, -je)* — **das Messer**
Hij sneed het touwtje met een scherp **mes** door. — Er schnitt die Schnur mit einem scharfen Messer durch.

de lepel [l'epəl] *m (-s, -tje)* — **der Löffel**
Heb je een **lepel** nodig om te roeren? — Brauchst du einen Löffel zum Umrühren?

RESTAURANT

het restaurant [rɛstor'ɑnt] *n* *(-s, -je)* — **das Restaurant**

In dit **restaurant** krijg je geen plaatsje als je niet hebt gereserveerd. — In diesem Restaurant bekommt man keinen Platz, wenn man nicht reserviert hat.

de bar [bɑːr] *f/m (-s, -retje)* — **die Bar**

Zullen we aan het strand eens een gezellig **barretje** zoeken? — Wollen wir am Strand mal eine gemütliche Bar suchen?

het café [kɑf'e] *n* *(-s, cafeetje)* — **die Kneipe**

Laten we iets gaan drinken. Om de hoek is (er) een leuk **cafeetje**. — Lasst uns etwas trinken gehen. Um die Ecke gibt es eine gemütliche Kneipe.

de bediening [bəd'inɪŋ] *f* *(-en, bedieninkje)* — **die Bedienung**

Het eten was wel lekker, maar de **bediening** was heel onvriendelijk. — Das Essen war schon lecker, aber die Bedienung war sehr unfreundlich.

de kelner [k'ɛlnər] *m* *(-s, -tje) Fem.: de kelnerin* — **der Kellner, der Ober**

Zo'n onbeleefde **kelner** heb ik nog nooit meegemaakt. — So einen unhöflichen Kellner habe ich noch nie erlebt.

bedienen [bəd'inə(n)] *V/i, V/t* — **bedienen, servieren**

Je hoeft hier nooit lang op je eten te wachten. Ze **bedienen** er heel snel. — Man muss hier nie lange auf sein Essen warten. Sie bedienen hier sehr schnell.

bestellen [bəst'ɛlə(n)] *V/t* — **bestellen**

Ober, kan ik bij u **bestellen**? — Ober, kann ich bei Ihner bestellen?

de fooi [foj] *f/m (-en, -tje)* — **das Trinkgeld**

Waarop wacht de kelner? Verwacht hij een **fooi**? — Worauf wartet der Kellner? Erwartet er ein Trinkgeld?

REISE

rijden [r'ɛidə(n)] *V/i, V/t*
Als je moe bent, wil ik wel even een stukje **rijden**.

fahren
Wenn du müde bist, kann ich gerne ein Stückchen fahren.

reizen [r'ɛizə(n)] *V/i*
Ik **reis** ieder jaar naar Spanje.

reisen, fahren
Ich reise jedes Jahr nach Spanien.

de reis [rɛis] f/m *(reizen, -je)*
We hebben voor volgend jaar al een **reis** naar Berlijn geboekt.

die Reise, der Ausflug
Wir haben für nächstes Jahr schon eine Reise nach Berlin gebucht.

vertrekken [vərtr'ɛkə(n)] *V/i*
Wanneer moeten jullie **vertrekken**?

aufbrechen, abreisen, losfahren
Wann müsst ihr aufbrechen?

afreizen [afrɛizə(n)] *V/i*
We hebben maar twee weken vakantie. We moeten vandaag weer **afreizen**.

abfahren, abreisen, abfliegen
Wir haben nur zwei Wochen Urlaub. Wir müssen heute wieder abreisen.

het spoorboekje [sp'orbukjə] *n (-s)*
Een **spoorboekje** krijg je op het station.

der Fahrplan
Einen Fahrplan bekommst du am Bahnhof.

de aankomst ['ankɔmst] *f (o. Pl. und Dim.)*
Al meteen na (de) **aankomst** werd hij ziek.

die Ankunft
Gleich nach der Ankunft wurde er krank.

het vertrek [vərtr'ɛk] *n (o. Pl. und Dim.)*
Schiet toch eens op! Het **vertrek** is al over tien minuten.

der Abflug, die Abfahrt
Beeil dich doch! Die Abfahrt ist schon in zehn Minuten.

halen [h'alə(n)] *V/t, V/i*
Hoewel ik een lekke band had, heb ik de trein nog net **gehaald**.

erreichen, bekommen
Obwohl ich einen Platten hatte, habe ich meinen Zug gerade noch erreicht.

missen [m'ɪsə(n)] *V/t, V/i*
Als je de laatste bus **mist**, kan/kun je altijd nog een taxi nemen!

versäumen, verpassen, nicht erreichen
Wenn du den letzten Bus verpasst, kannst du immer noch ein Taxi nehmen.

de passagier [pɑsaʒ'ir], in Flandern auch [pɑsɑɣ'ir] *m (-s, -tje)*
Bij de scheepsramp zijn meer dan 100 **passagiers** om het leven gekomen.

der Passagier, der Fahr-, Fluggast, der Reisende, der Insasse
Bei der Schiffskatastrophe sind mehr als 100 Fahrgäste ums Leben gekommen.

het kaartje [k'arcə] *n (-s)*
Wacht je even? Ik moet nog een **kaartje** kopen.

die Fahrkarte, der Fahrschein, das Flugticket
Wartest du kurz? Ich muss noch eine Fahrkarte kaufen.

de bagage [baɣ'aʒə] *f (-s, o. Dim.)*
Toen ze uit het vliegtuig stapten, bleek dat hun **bagage** nog in de auto lag.

das Gepäck
Als sie aus dem Flugzeug stiegen, wurde klar, dass ihr Gepäck noch im Auto lag.

het buitenland [b'œytə(n)lɑnt] *n (o. Pl. und Dim.)*
Mijn dochter woont al zo'n tien jaar in het **buitenland**.

das Ausland
Meine Tochter wohnt schon seit etwa zehn Jahren im Ausland.

de douane (der Dienst) [duw'anə] *f/m (-n, o. Dim.)*
Dankzij het verdrag van Schengen is er geen **douane** meer aan de grens.

der Zoll, die Zollabfertigung
Dank dem Schengener Abkommen gibt es keine Zollabfertigung mehr an der Grenze.

de weg [wɛχ] *m (-en, het weggetje)*
Weet jij de **weg** nog? Misschien zijn we verdwaald.

der Weg, die Richtung
Kennst du den Weg noch? Vielleicht haben wir uns verirrt.

de reisgids [r'ɛisχɪts] *m (-en, -je)*
Ik ga nooit zonder **reisgids** op vakantie.
Onze laatste expeditie werd geleid door een vrouwelijke **reisgids**.

der Führer, der Reiseführer
Ich fahre nie ohne Reiseführer in den Urlaub.
Unsere letzte Expedition wurde von einer Reiseführerin geführt.

logeren [loʒ'erə(n)] *V/t, V/i*
Mijn kinderen **logeren** graag bij hun nichtjes.

übernachten, sich aufhalten, wohnen
Meine Kinder übernachten gerne bei ihren Cousinen.

het hotel [hot'ɛl] *n* *(de -s, -letje)* — **das Hotel**

In Parijs vind je nog altijd vele goedkope **hotels**. — In Paris findet man noch immer viele preiswerte Hotels.

VERKEHR

het verkeer [vərk'er] *n (o. Pl. und Dim.)* — **der Verkehr**

Op zaterdag is er altijd veel **verkeer** op de snelwegen. — An Samstagen sind die Autobahnen immer sehr voll.

het lawaai [law'aj] *n (o. Pl. und Dim.)* — **der Lärm, der Krach**

Maak toch niet zoveel **lawaai**. Ik kan niet eens rustig zitten werken. — Mach doch nicht so viel Krach. Ich kann nicht mal in Ruhe arbeiten.

de chauffeur [ʃofør] *m* *(-s, -tje) Fem.:* de chauffeuse — **der Fahrer**

Mijn baas heeft een eigen **chauffeur**. — Mein Chef hat einen eigenen Fahrer.

autorijden ['ɑutorɛidə(n)] *V/i* — **fahren, Auto fahren**

Volgende week word ik 18. Dan mag ik eindelijk **autorijden**. — Nächste Woche werde ich 18. Dann darf ich endlich Auto fahren.

afslaan ['ɑfslan] *V/t, V/i* — **abbiegen**

Als je nog naar de kapper wilt, moet je hier rechts **afslaan**. — Wenn du noch zum Friseur willst, musst du hier rechts abbiegen.

oversteken ['ovərstekə(n)] *V/t, V/i* — **überqueren, über die Straße gehen**

Ik **steek** liever **over** bij het stoplicht. Deze straat is me veel te gevaarlijk. — Ich gehe lieber an der Ampel über die Straße. Diese Straße ist mir viel zu gefährlich.

parkeren [pɑrk'erə(n)] *V/i, V/t* — **parken**

In de binnenstad kan/kun je haast niet meer **parkeren**. — In der Innenstadt kann man kaum noch parken.

het station [sta(t)ʃ'ɔn], [stɑ(t)sj'ɔn] *n (-s, -netje)* — **die Haltestelle, der Bahnhof**

Bij het volgende **station** moet ik overstappen. — An der nächsten Haltestelle muss ich umsteigen.

de bushalte [b'ʏshɑltə] *f (-n* und *-s, -tje)* — **die Bushaltestelle**

De buschauffeur hoefde niet te stoppen. Er stond niemand bij de **bushalte** te wachten. — Der Busfahrer brauchte nicht anzuhalten. Es wartete niemand an der Bushaltestelle.

de benzine [bɛnz'inə] *f/m (o. Pl. und Dim.)* — **das Benzin**

Rijdt jullie nieuwe auto op **benzine** of is het een diesel? — Fährt euer neues Auto mit Benzin oder ist es ein Diesel?

het gas [ɣɑs] *n (-sen, -je)* — **das Gas**

In Nederland rijden veel autos op **gas**. — In den Niederlanden fahren viele Autos mit Gas.

---

de auto ['ɑuto, 'oto] *m (-'s, autootje)* — **das Auto, der Wagen**

Ze hebben gisteren een nieuwe **auto** gekocht. — Sie haben sich gestern ein neues Auto gekauft.

de motor(fiets) [m'otər(fits)] *m* bzw. *f/m (-en, motortje, motorfietsje)* — **das Motorrad**

Mijn buren rijden dit jaar met de **motorfiets** naar Frankrijk. — Meine Nachbarn fahren dieses Jahr mit dem Motorrad nach Frankreich.

de fiets [fits] *f/m (-en, -je)* — **das Fahrrad**

In China zie je meer **fietsen** dan auto's. — In China sieht man mehr Fahrräder als Autos.

de bus [bʏs] *f/m (-sen, -je)* — **der Bus**

Ik ga altijd met de **bus** naar m'n werk. — Ich fahre immer mit dem Bus zur Arbeit.

de touringcar [t'urɪŋkɑr] *f/m (-s)* — **der (Reise)Bus**

We zijn met een heel luxe **touringcar** naar Zwitserland geweest. — Wir sind mit einem sehr luxuriösen Reisebus in die Schweiz gefahren.

de tram [trɛm], *Flandern auch* [trɑm] *m (-s* oder *-men, -metje)* — **die Straßenbahn**

De oude **trammen** uit Amsterdam rijden nu in Boekarest. — Die alten Straßenbahnen aus Amsterdam fahren jetzt in Bukarest.

de taxi [t'ɑksi] *m (-'s, taxietje* oder *-tje)* — **das Taxi**

Zal ik even een **taxi** voor je bellen of ga je lopend naar huis? — Soll ich mal ein Taxi für dich rufen oder gehst du zu Fuß nach Hause?

het wiel [wil] *n (-en, -tje)* — **das Rad**

Vroeger zag je nog wel eens auto's met drie **wielen**. — Früher sah man ab und an noch Autos mit drei Rädern.

---

de spoorweg [sp'orwɛχ], *m (-en, o. Dim.)* — **die (Eisen)Bahn**

Het vervoer per **spoorweg** heeft een grote toekomst, zo wordt voorspeld. — Der Transport per Eisenbahn hat eine große Zukunft, so wird prophezeit.

de trein [trɛin] *m (-en, -tje)* — **der Zug**

De **trein** had twee uur vertraging. — Der Zug hatte zwei Stunden Verspätung.

de locomotief [lokomot'if] *f/m (locomotieven, -je)* — **die Lok, die Lokomotive**

De nieuwe **locomotieven** zijn veel beter voor het milieu. — Die neuen Loks sind viel besser für die Umwelt.

de metro [m'etro], [metr'o] *m (-'s, metrootje)* — **die U-Bahn**

De **metro** van Moskou is wereldberoemd. — Die U-Bahn Moskaus ist weltberühmt.

het station [sta(t)ʃ'ɔn], [stɑ(t)sj'ɔn] *n (-nen, -netje)* — **der Bahnhof, die Station**

In het voormalige **station** is nu een restaurant gevestigd. — Aus dem ehemaligen Bahnhof ist jetzt ein Restaurant geworden.

overstappen ['ɔvərstɑpə(n)] *V/i* — **umsteigen**

Gaat deze trein direct door naar Amsterdam of moet ik in Apeldoorn **overstappen**? — Fährt dieser Zug direkt nach Amsterdam oder muss ich in Apeldoorn umsteigen?

---

het vliegtuig [vl'iχtœyχ] *n (-en, -je)* — **das Flugzeug**
De Concorde is het snelste **vliegtuig** ter wereld. — Die Concorde ist das schnellste Flugzeug der Welt.

de vlucht [vlʏχt] *f/m (-en, -je)* — **der Flug**
De **vlucht** naar Amerika duurt wel meer dan 6 uur. — Der Flug nach Amerika dauert mehr als 6 Stunden.

de luchthaven [l'ʏχthavə(n)] *f/m (-s, -tje)* — **der Flughafen**
Schiphol is een van de grootste **luchthavens** van Europa. — Schiphol ist einer der größten Flughäfen Europas.

de luchtvaartmaatschappij [l'ʏχ(t)fartmatsχɑpɛi] *f (-en, -tje)* — **die Fluggesellschaft**
De laatste tijd zijn er nogal wat **luchtvaartmaatschappijen** op de fles gegaan. — In letzter Zeit haben einige Fluggesellschaften Pleite gemacht.

---

het schip [sχɪp] *n (schepen, scheepje)* — **das Schiff**
In de haven van Rotterdam liggen vaak reuzegrote **schepen**. — Im Rotterdamer Hafen liegen oft riesige Schiffe.

de boot [bot] *f /m (boten, -je)* — **das Boot**
Hans heeft een leuk **bootje** gekocht. — Hans hat sich ein schönes Boot gekauft.

de havenstad [h'avə(n)stɑt/] *f/m (havensteden, -je)* — **der Hafen, die Hafenstadt**
Antwerpen ligt niet aan de zee, maar is toch een **havenstad**. — Antwerpen liegt nicht am Meer, ist aber dennoch eine Hafenstadt.

de haven [h'avə(n)] *f/m (-s, -tje)* — **der Hafen**
In de **haven** van Amsterdam liggen soms nog mooie oude schoeners. — Im Hafen von Amsterdam liegen manchmal noch schöne alte Schoner.

de kapitein [kapit'ɛin, kɑpit'ɛin] *m (-s, -tje)* — **der Kapitän**
De kinderen speelden piraatje en het meisje was de **kapitein**. — Die Kinder spielten Pirat und das Mädchen war der Kapitän.

de satelliet [satəl'it], [sɑtəl'it] *m (-en, -je)*	**der Satellit**
Ligt de slechte ontvangst aan de **satelliet** of aan onze televisie?	Liegt der schlechte Empfang am Satelliten oder an unserem Fernseher?
de raket [rak'ɛt], [rɑk'ɛt] *f/m (-ten, -je)*	**die Rakete**
De **raketten** van tegenwoordig zijn veel preciezer dan vroeger.	Die Raketen von heute sind viel präziser als früher.
de astronaut [ɑstron'ɑut] *m (-en, -je) Fem.:* de astronaute	**der Astronaut**
Glenn Armstrong was de eerste **astronaut** die een voet op de maan zette.	Glenn Armstrong war der erste Astronaut, der einen Fuß auf den Mond setzte.

LÄNDER

Afrika ['afrika] *n*	**Afrika**
Amerika [am'erika] *n*	**Amerika**
Engeland ['ɛŋəlɑnt] *n*	**England**
Europa [ør'opa] *n*	**Europa**
Duitsland [d'œytslɑnt] *n*	**Deutschland**
Groot-Brittannië [ɣrodbrɪt'ɑnijə] *n*	**Großbritannien**
de Verenigde Staten [vər'enəɣdə st'atə(n)]	**die Vereinigten Staaten, die USA**

SPRACHEN UND NATIONALITÄTEN

(het) Nederlands [n'edərlɑn(t)s] *n Adj. (-e)*	**das Niederländisch, niederländisch(-e, -r, -s)**
de Nederlander [n'edərlɑndər] *m (-s, -tje)*	**der Niederländer**

de Nederlandse [n'edərlɑntsə] *f (-n).*	**die Niederländerin**
Belgisch [b'ɛlɤis] *Adj. (-e)*	**belgisch(-e, -r, -s)**
de Belg [bɛlχ] *m (-en, -je)*	**der Belgier**
de Belgische [b'ɛlɤisə] *f (-n)*	**die Belgierin**
(het) Vlaams [vlams] *n Adj. (-e)*	**das Flämisch, flämisch(-e, -r, -s)**
de Europeaan [øropej'an] *m (Europeanen, -tje)*	**der Europäer**
(het) Duits [dœyts] *n Adj. (-e)*	**das Deutsch, deutsch(-e, -r, -s)**

JAHRESABLAUF

het jaar [jar] *n (jaren, -tje)* Mijn broer gaat binnenkort voor twee **jaar** naar Australië.	**das Jahr** Mein Bruder geht demnächst für zwei Jahre nach Australien.
het jaargetijde [j'arɤətɛidə] *n (-n) Syn.:* het seizoen Het jaar heeft vier **jaargetijden**.	**die Jahreszeit** Das Jahr hat vier Jahreszeiten.
de lente [l'ɛntə] *f/m (-s)* Vaak valt er in de **lente** nog sneeuw.	**der Frühling, das Frühjahr** Oft fällt im Frühling noch Schnee.
de zomer [z'omər] *m (-s, -tje)* In Scandinavië zijn de **zomers** kort en de winters lang.	**der Sommer** In Skandinavien sind die Sommer kurz und die Winter lang.
de herfst [hɛrfst] *m (o. Pl. und Dim.)* De **herfst** begon al vroeg dit jaar. In september vielen de bladeren al van de bomen.	**der Herbst** Der Herbst fing schon früh an dieses Jahr. Im September fielen die Blätter schon von den Bäumen.

de winter [w'ɪntər] *m* (-s, -tje) — **der Winter**

Als het **winter** is, ga ik bijna elke dag naar de ijsbaan om te schaatsen. — Wenn es Winter ist, gehe ich fast jeden Tag zur Eisbahn zum Schlittschuhlaufen.

de maand [mant] *f/m* (-en, -je) — **der Monat**

Hoe vaak ben jij deze **maand** naar de bisocoop geweest? — Wie oft bist du diesen Monat ins Kino gegangen?

de week [wek] *f/m* (weken, -je) — **die Woche**

Ik had het boek al vier **weken** geleden besteld, maar het is vandaag pas aangekomen. — Ich hatte das Buch schon vor vier Wochen bestellt, aber es ist heute erst angekommen.

de dag [dɑχ] *m* (-en, -je) — **der Tag**

Vandaag is een grote **dag**: de kinderen gaan voor het eerst alleen op vakantie. — Heute ist ein großer Tag: Die Kinder fahren zum ersten Mal alleine in den Urlaub.

dagelijks [d'aɤələks] *Adj.* (-e) — **täglich, Tages...**

Laat mij maar even! Het is tenslotte m'n **dagelijks** brood. — Lass mich mal kurz! Es ist ja schließlich mein tägliches Brot.

de feestdag [f'esdɑχ] *m* (-en, -je) — **der Feiertag**

De nationale **feestdag** valt dit jaar op een maandag. — Der nationale Feiertag fällt dieses Jahr auf einen Montag.

MONATSNAMEN

januari [jɑnyw'ari] *m* — **der Januar**

februari [febryw'ari] *m* — **der Februar**

maart [mart] *m* — **der März**

april [apr'ɪl], [ɑpr'ɪl] *m* — **der April**

mei [mɛi] *m* — **der Mai**

juni [j'yni] *m* — **der Juni**

juli [j'yli] *m*	**der Juli**
augustus [ɑuɤ'ʏstʏs] *m*	**der August**
september [sɛpt'ɛmbər] *m*	**der September**
oktober [ɔkt'obər] *m*	**der Oktober**
november [nov'ɛmbər] *m*	**der November**
december [des'ɛmbər] *m*	**der Dezember**

WOCHENTAGE

de zondag [z'ɔndɑχ] *m (-en, -je)*	**der Sonntag**
de maandag [m'andɑχ] *m (-en, -je)*	**der Montag**
de dinsdag [d'ɪnzdɑχ] *m (-en, -je)*	**der Dienstag**
de woensdag [w'unzdɑχ] *m (-en, -je)*	**der Mittwoch**
de donderdag [d'ɔndərdɑχ] *m (-en, -je)*	**der Donnerstag**
de vrijdag [vr'ɛidɑχ] *m (-en, -je)*	**der Freitag**
de zaterdag [z'atərdɑχ] *m (-en, -je)*	**der Samstag, der Sonnabend**

TAGESZEIT

de morgen [m'ɔrɤə(n)] *m (-s, -tje) Syn.:* de ochtend	**der Morgen**
Tegen de **morgen** begon de haan te kraaien. We hebben niet meer geslapen.	Gegen Morgen fing der Hahn an zu krähen. Wir haben nicht mehr geschlafen.

morgen [m'ɔrɣə(n)] *Adv.* — **morgen**
Morgen speelt Oranje tegen de Rode Duivels. — Morgen spielen die Oranjes gegen die Roten Teufel.

de (na)middag [(na)m'ɪdɑχ] *m (-en, -je)* — **der Nachmittag**
Ze heeft hele **middagen** zitten blokken, maar ze is toch gezakt voor haar examen. — Sie hat ganze Nachmittage gepaukt, ist aber doch durch die Prüfung gefallen.

de avond ['avɔnt] *m (-en, -je)* — **der Abend**
In de zomer zijn de **avonden** lang en soms ook lekker warm. — Im Sommer sind die Abende lang und manchmal auch schön warm.

de nacht [nɑχt] *m (-en, -je)* — **die Nacht**
Het was midden in de **nacht** toen de hond van onze buren ineens begon te blaffen. — Es war mitten in der Nacht, als der Hund von nebenan auf einmal anfing zu bellen.

ⓘ Für heute Morgen, Abend etc. verwendet man im Niederländischen die Adverbien ***vanmorgen/vanochtend*** (heute Morgen), ***vanmiddag*** (heute Nachmittag), ***vanavond*** oder ***hedenavond*** (heute Abend), und ***vannacht*** (heute Nacht).

UHRZEIT

hoe laat [hu lat] — **wie spät, um wie viel Uhr**
Hoe laat is het? — Wie spät ist es?
Hoe laat gaat de volgende trein? — Um wie viel Uhr fährt der nächste Zug?

om [ɔm] *Präp.* — **um**
De cursus begint **om** half acht en eindigt **om** half tien. — Der Kurs fängt um halb acht an und endet um halb zehn.

het uur [yr] *f/m (uren, -tje)* — **die Uhr, die Stunde**
De kerkklok slaat alleen op het hele **uur**. — Die Kirchenuhr schlägt nur die ganze Stunden.
Doe je het journaal even aan, het is bijna acht **uur**. — Machst du die Nachrichten mal an, es ist fast acht Uhr.

het kwartier [kwɑrt'ir] *f/m (-en, -tje)* — **die Viertelstunde**
Bart komt altijd een **kwartier** te laat. — Bart kommt immer eine Viertelstunde zu spät.

het kwart [kwɑrt] *f/m* *(-en, o. Dim.)* — **das Viertel**

De uitzending begint om **kwart** voor negen. — Die Sendung beginnt um Viertel vor neun.

de minuut [min'yt] *f/m* *(minuten, -tje)* — **die Minute**

Het winnende doelpunt viel pas in de laatste **minuut** van de wedstrijd. — Das Siegestor fiel erst in der letzten Minute des Spiels.

de seconde [sək'ɔndə] *f/m* *(-n* und *-s)* — **die Sekunde**

E-mail is wel handig. Soms heb je binnen een paar **seconden** al een antwoord. — E-Mail ist schon praktisch. Manchmal hast du innerhalb von ein paar Sekunden bereits eine Antwort!

over ['ovər] *Präp.* — **nach**

Het is tien **over** vijf. — Es ist zehn nach fünf.

Maar: Het is half vier. — Aber: Es ist halb vier.

ⓘ Im Niederländischen sagt man nicht: *Het is 4 uur 20* (Es ist 4 Uhr 20), sondern: *Het is 20 over 4.* (Es ist 20 nach 4.)

voor [vor] *Präp.* — **vor**

De laatste trein naar Genève gaat om vijf **voor** twaalf. — Der letzte Zug nach Genf fährt um fünf Minuten vor zwölf.

ANDERE ZEITBEGRIFFE

de tijd [tɛit] *m (-en, -je)* — **die Zeit**

Ik heb haast geen **tijd** meer voor mijn hobby's. — Ich habe kaum noch Zeit für meine Hobbys.

In de **tijd** van Napoleon waren België en Nederland nog één land. — In der Zeit von Napoleon waren Belgien und die Niederlande noch ein Land.

wanneer [wɑn'er], [w'ɑner] *Adv.* — **wann**

Wanneer heb je haar voor het laatst gezien? — Wann hast du sie zum letzten Mal gesehen?

toen [tun] *Adv., Konj.* — **als, damals**
Toen we aankwamen, bleek het hotel te zijn afgebrand. — Als wir ankamen, stellte sich heraus, dass das Hotel abgebrannt war.
Toen was dat nog heel gewoon. — Damals war das noch ganz normal.

in [ɪn] *Präp.* — **im Jahre**
Hij is **in** 1998 na Australië geëmigreerd. — Er ist (im Jahre) 1998 nach Australien gezogen.

terwijl [tɛrw'ɛil] *Konj.* — **während, als**
De kinderen liepen snel naar de bakker **terwijl** vader het ontbijt klaarmaakte. — Die Kinder liefen schnell zum Bäcker, während Vater das Frühstück machte.

tijdens [t'ɛidə(n)s] *Präp. Syn.:* gedurende — **während**
Je mag niet spieken **tijdens** de les. — Du darfst während des Unterrichts nicht spicken.

de eeuw [ew] *f/m (-en, -tje)* — **das Jahrhundert**
Pas in de 20e **eeuw** werden veel landen in Afrika onafhankelijk. — Erst im 20. Jahrhundert wurden viele Länder Afrikas unabhängig.

de datum [d'atʏm] *m (-s* und *data, o. Dim.)* — **das Datum**
Er staat geen **datum** op de brief. — Es steht kein Datum auf dem Brief.

nu [ny] *Adv.* — **jetzt, nun, heute**
Als je **nu** gaat slapen, ben je morgen lekker uitgerust! — Wenn du jetzt schlafen gehst, bist du morgen herrlich ausgeruht.

huidig [h'œydəχ] *Adj.* (-e) — **gegenwärtig, jetzig, heutig**
Het einde van de **huidige** economische misère is nog niet in zicht. — Das Ende der jetzigen wirtschaftlichen Misere ist noch nicht in Sicht.

vandaag [vɑnd'aχ] *Adv.* — **heute**
Gaan jullie mee? We willen **vandaag** naar de dierentuin. — Geht ihr mit? Wir wollen heute in den Zoo.

het ogenblik [mom'ɛnt] *n (-ken, -je)* — **der Moment, der Augenblick**
Dit is niet het juiste **ogenblik** om over zulke dingen te praten. — Dies ist nicht der richtige Augenblick, um über solche Dinge zu reden.

het verleden [vərl'edə(n)] *n (-s, -tje)*	**die Vergangenheit**
In het **verleden** zag je haar nog wel eens, maar tegenwoordig haast niet meer.	In der Vergangenheit sah man sie schon ab und an, aber heute fast nicht mehr.
voormalig [vorm'aləχ] *Adj. (-e)*	**ehemalige(-r, -s), frühere(-r, -s)**
Uit het **voormalige** gemeentehuis is nu een huis voor asielzoekers geworden.	Aus dem ehemaligen Gemeindehaus ist jetzt ein Haus für Asylsuchende geworden.
gisteren [ɣ'ɪstərə(n)] *Adv.*	**gestern**
Gisteren regende het bijna de hele dag.	Gestern regnete es fast den ganzen Tag.
geleden [ɣəl'edə(n)] *Konj.*	**vor**
Wat is het hier veranderd! Weet je nog hoe het hier tien jaar **geleden** was?	Wie hat es sich hier verändert! Weißt du noch, wie es hier vor zehn Jahren war?
de toekomst [t'ukɔmst] *f (o. Pl. und Dim.)*	**die Zukunft**
Een waarzegster wilde ons de **toekomst** voorspellen!	Eine Wahrsagerin wollte uns die Zukunft vorhersagen
nabij [nab'ɛi] *Adj. (-e)*	**nahe**
In de **nabije** toekomst zullen er veel ontslagen gaan vallen.	In naher Zukunft wird es viele Entlassungen geben.

totdat [tɔd'ɑt] *Konj.*	**bis**
Kunnen jullie niet even met het eten wachten **totdat** ik er ben?	Könnt ihr nicht mal mit dem Essen warten, bis ich da bin?
tot [tɔt] *Präp.*	**bis**
De voorstelling van vanavond duurt van 8 **tot** 10 (uur).	Die Vorstellung heute Abend dauert von 20 bis 22 Uhr.
lang [lɑŋ] *Adj., Adv. (-e, -er, -st)*	**lang**
Tien jaar **lang** deed hij alles voor z'n baas, nu is hij dood.	Zehn Jahre lang gab er alles für seinen Chef, nun ist er tot.
Ik ben al **lang** klaar.	Ich bin schon lange fertig.

sinds [sɪn(t)s] *Präp., Konj. Syn.:* sedert — **seit**
Hij woonde eerst in Luik, maar **sinds** een jaar of twee leeft Paul in Arnhem.
Er wohnte erst in Lüttich, aber seit circa zwei Jahren lebt Paul in Arnheim.

vanaf [vɑn'ɑf] *Präp.* — **ab**
Vanaf 2002 kunnen we alleen nog maar met euro betalen.
Ab 2002 können wir nur noch mit Euro bezahlen!

nog [nɔχ] *Adv.* — **noch, immerhin**
Nog is het niet te laat!
Noch ist es nicht zu spät!

eeuwig ['ewəχ] *Adj, Adv. (-e)* — **für immer, ewig**
Je kan/kunt hier toch niet **eeuwig** blijven zitten?
Du kannst hier doch nicht ewig sitzen bleiben?

---

altijd [ɑlt'ɛit] *Adv.* — **immer**
Joke gaat **altijd** naar dezelfde kapster.
Joke geht immer zur gleichen Friseurin.

vaak [vak] *Adv. (vaker, -st)* — **oft**
Kees is **vaak** ziek.
Kees ist oft krank.

soms [sɔms] *Adv.* — **manchmal**
Soms geef ik wel eens een rondje, maar meestal betaalt ieder voor zich.
Manchmal gebe ich einen aus, aber meistens zahlt jeder für sich.

zelden [z'ɛldə(n)] *Adv.* — **selten, kaum**
De kievit was vroeger wel heel talrijk, maar nu zie je hem nog maar heel **zelden**.
Der Kiebitz war früher ganz zahlreich, aber heute sieht man ihn nur noch sehr selten.

nooit [nojt] *Adv.* — **nie, niemals**
Doe de deur maar beter op slot. Je kan/kunt **nooit** weten.
Schließ die Tür mal besser ab. Man kann nie wissen.

---

al [ɑl] *Adv.* — **schon, bereits**
Heb je het laatste nieuwtje **al** gehoord?
Hast du die letzte Neuigkeit schon gehört?

voor [vor] *Adv., Konj., Syn.:* eer, voordat — **vor, bevor, vorher**
Je moet eerst naar links en naar rechts kijken **voor** je de straat oversteekt.
Du musst erst nach links und nach rechts schauen, bevor du die Straße überquerst.

net [nɛt] *Adv.*
Je bent **net** te laat. We hebben het eten al op.

gerade, soeben
Du kommst gerade zu spät. Wir haben schon gegessen.

stipt [stɪpt] *Adv.*
Men zegt dat de Duitsers altijd zo **stipt** zijn.

pünktlich
Man sagt, dass die Deutschen immer so pünktlich sind.

tijdig [t'ɛidəχ] *Adv., Adj. (-e)*
Syn.: bijtijds
Ik sta altijd **tijdig** op.
De kat was bijna verdronken, maar gelukkig kwam de hulp **tijdig**.

(recht)zeitig
Ich stehe immer zeitig auf.
Die Katze wäre fast ertrunken, aber glücklicherweise kam noch rechtzeitig Hilfe.

(te) vroeg [(tə) vruχ] *Adj., Adv.* (-e, -er, -st)
De baby kwam bijna een maand te **vroeg**.
Vroeger waren de mensen veel armer.
Deze kerk is een **vroeg**middeleeuws bouwwerk.

früh(zeitig), zu früh, früher (als üblich *usw.***)**
Das Baby kam fast einen Monat zu früh.
Früher waren die Menschen viel ärmer.
Diese Kirche ist ein frühmittelalterliches Bauwerk.

pas [pɑs] *Adv. Syn.:* net
Pas op! Het hout is **pas** geverfd.

erst
Pass auf! Das Holz ist gerade erst gestrichen worden.

snel [snɛl] *Adv., Adj. (-le, -ler, -st) Syn.:* vlug
Ik bel je zo **snel** mogelijk terug.

bald
Ich rufe dich so bald wie möglich zurück.

(het) eerst [(hɛt) erst] *Adv.*
Zullen we beginnen? Jij bent het **eerst** aan de beurt.

zuerst, erst, als erste(r, -s)
Sollen wir anfangen? Du bist als Erstes an der Reihe.

onmiddellijk [ɔnm'ɪdələk] *Adv. Syn.:* dadelijk, meteen
Als je je bordje niet **onmiddellijk** leeg eet, mag je vanavond niet langer opblijven!

sofort, gleich
Wenn du deinen Teller nicht sofort leer isst, darfst du heute Abend nicht länger aufbleiben!

tegelijk [təɣəl'ɛik] *Adv. Syn.:* tegelijkertijd
Ik kan toch niet twee dingen **tegelijk** doen.

gleichzeitig, auf einmal
Ich kann doch nicht zwei Dinge auf einmal machen.

daarna [darn'a] *Adv.*
Eerst waren we in het pretpark en **daarna** lekker eten bij de Chinees.

dann, danach
Erst waren wir in dem Freizeitpark und danach schön essen beim Chinesen.

na(dat) [na(d'ɑt), n'a(dɑt)] *Präp., Konj., Adv.*
Pas **nadat** het onweer voorbij was, kon het vliegtuig vertrekken.
Na de ramp was er van de wijk niets meer over.

nach, nachdem
Erst nachdem das Gewitter vorbeigezogen war, konnte das Flugzeug losfliegen.
Nach der Katastrophe war von dem Viertel nichts mehr übrig.

straks [strɑks] *Adv. Syn.:* nadien
Kan/Kun je **straks** even boodschappen voor me doen?

danach, nachher, irgendwann
Kannst du nachher kurz für mich einkaufen gehen?

laat [lat] *Adj., Adv. (late, later, -st)*
Het is al **laat**. Ik moet snel naar huis!

spät, verspätet, zu später Stunde
Es ist schon spät. Ich muss schnell nach Hause!

later [l'ater] *Adv.*
Ik heb nu geen tijd, maar ik zal er **later** nog wel op terugkomen.

später
Ich habe jetzt keine Zeit, aber ich werde später darauf zurückkommen.

laatst [latst] *Adv. Syn.:* onlangs
De premier zei **laatst** nog dat de werkloosheid zal gaan stijgen.

zuletzt, letztens, neulich
Der Ministerpräsident sagte zuletzt noch, dass die Arbeitslosigkeit steigen wird.

eindelijk ['ɛindələk] *Adv., Syn.:* uiteindelijk
Marian heeft gisteren **eindelijk** haar rijbewijs gehaald.

endlich, schließlich
Marian hat gestern endlich ihren Führerschein gemacht.

ZEITLICHER ABLAUF

klaar [klar] *Adv., Syn.:* af, gereed
Ik hoop dat de schilder **klaar** is met zijn werk.

fertig
Ich hoffe, dass der Maler mit seiner Arbeit fertig ist.

beginnen [bəχ'ɱə(n)] *V/i, V/t (is/heeft begonnen)* — **beginnen, anfangen**
Kunnen we met de vergadering **beginnen** of moeten we nog op iemand wachten?
Können wir mit der Sitzung anfangen oder müssen wir noch auf jemanden warten?

starten [st'ɑrtə(n)] *V/i, V/t (is/heeft gestart)* — **starten**
De auto wil niet **starten**. Kunnen jullie even helpen duwen?
Das Auto will nicht starten. Könnt ihr kurz beim Anschieben helfen?

blijven [bl'ɛivə(n)] *V/i* — **bleiben**
Het bevalt ons zo goed. We **blijven** nog een paar dagen hier.
Es gefällt uns so gut. Wir bleiben noch ein paar Tage hier.

doorgaan [d'orɣan] *V/i, V/t (is/heeft doorgegaan)* — **weitergehen, weitermachen, fortfahren, fortsetzen**
Voor ik **doorga**, moet ik nog even naar de wc.
Bevor ich weitermache, muss ich noch kurz zur Toilette.

gebeuren [ɣəb'ørə(n)] *V/i* — **vorgehen, geschehen**
Wat **is** (er) hier **gebeurd**? Het lijkt wel alsof er is ingebroken?
Was ist hier geschehen? Es scheint, als wäre hier eingebrochen worden?

de gebeurtenis [ɣəb'ørtənɪs] *f (-sen, -je)* — **das Ereignis, das Geschehen**
Het was een mooi feest. Een echte **gebeurtenis** als je mij vraagt.
Es war ein schönes Fest. Ein richtiges Ereignis, wenn du mich fragst.

de keer [ker] *m (keren, -tje)* — **das Mal, der Augenblick**
Dit is al de vierde **keer** dat 's avonds het licht uitvalt
Das ist schon das vierte Mal, dass abends das Licht ausfällt.

Binnen de kortste **keren** was het speelgoed naar de knoppen.
In nur wenigen Augenblicken war das Spielzeug schon draufgegangen.

ooit [ojt] *Adv.* — **einmal, jemals**
Heb jij **ooit** eens weer wat van jouw eerste vriendinnetje gehoord?
Hast du jemals wieder etwas von deiner ersten Freundin gehört?

Ooit komt de tijd dat we het niet meer zo breed zullen hebben.
Einmal kommt die Zeit, in der es uns nicht mehr so gut gehen wird.

tweemaal [tw'emal] *Adv.*, *Syn.:* twee keer — **zweimal**
Volgende week is de opvoering. We repeteren nu al **tweemaal** per dag.
Nächste Woche ist die Aufführung. Wir üben jetzt schon zweimal pro Tag.

weer [wer] *Adv.* — **wieder, noch einmal**
Er is **weer** oorlog in het Nabije Oosten.
Es gibt wieder Krieg im Nahen Osten.

herhalen [hɛrh'alə(n)] *V/t, V/r* — **wiederholen**
Kan/Kunt u het laatste woord even **herhalen**? Ik kon het niet verstaan.
Können Sie das letzte Wort kurz wiederholen? Ich habe es nicht verstanden.

de vordering [v'ɔrdərɪŋ] *f (-en, -etje)* — **der Fortschritt**
Maken jullie al **vorderingen**? Het werk moet vanmiddag af zijn.
Macht ihr schon Fortschritte? Die Arbeit muss heute Nachmittag fertig sein.

worden [w'ɔrdə(n)] *V/i* — **werden**
Ik **word** helemaal gek van dat lawaai aan mijn hoofd.
Ich werde völlig verrückt von dem Lärm an meinem Kopf.
Mijn neefje wil later een beroemde voetballer **worden**.
Mein kleiner Cousin (oder Neffe) will später ein berühmter Fußballer werden.

volgen [v'ɔlɣə(n)] *V/i, V/t (is/heeft gevolgd)* — **folgen (auf), nachfolgen**
U moet gewoon de wegwijzers **volgen**, dan komt u er vanzelf naar toe.
Sie müssen nur den Wegweisern folgen, dann kommen Sie von selbst (da)hin.

veranderen [vər'ɑndərə(n)] *V/i, V/t (is/heeft veranderd)* *Syn.:* wijzigen — **sich (ver)ändern, (ver)ändern, wechseln**
We **hebben** de hele woonkamer **veranderd**. Vind je het beter als voordien?
Wir haben das ganze Wohnzimmer verändert. Findest du es besser als vorher?
Mijn buurvrouw **is** van baan **veranderd**.
Meine Nachbarin hat die Stelle gewechselt.

ophouden ['ɔphɑudə(n)] *V/i, V/t (is/heeft opgehouden)* *Syn.:* eindigen, stoppen — **aufhören**
Ik wilde eigenlijk **ophouden** met roken, maar het lukt me niet.
Ich wollte eigentlich mit dem Rauchen aufhören, aber es gelingt mir nicht.

beëindigen [bə'ɛindəɣə(n)] *V/t Syn.:* eindigen, afsluiten — **aufhören, enden, beenden**
Onze baas **heeft** de samenwerking met het bedrijf in Spanje **beëindigd**. — Unser Chef hat die Zusammenarbeit mit der Firma in Spanien beendet.

afsluiten ['ɑfslœytə(n)] *V/t* — **enden, (ab)schließen, beenden**
Hij **sloot** zijn rede **af** met een paar dankende woorden. — Er beendete seine Rede mit ein paar Dankesworten.
Geef me toch even de sleutels, dan kan ik het kantoor **afsluiten**. — Gib mir doch mal eben die Schlüssel, dann kann ich das Büro abschließen.

voorbij [vorb'ɛi] *Adv., Adj., Präp. (-e)* — **zu Ende, vorüber, vorbei**
Toen de verjaardag **voorbij** was, lagen er overal kruimels en snippers op de grond. — Als der Geburtstag vorbei war, lagen überall Krümel und Schnipsel am Boden herum.

RÄUMLICHE BEGRIFFE

de plek [plɛk] *f/m (-ken, -je) Syn.:* de plaats — **der Ort, die Stelle, der Platz**
Je hebt een mooie **plek** uitgezocht voor onze caravan. — Du hast einen schönen Platz ausgesucht für unseren Wohnwagen.

waarheen [warh'en, w'arhen] *Adv. Syn.:* waar naar toe, waar...heen — **wo, wohin**
De kinderen gaan vanavond naar de bioscoop. **Waarheen** gaan wij? — Die Kinder gehen heute Abend ins Kino. Wohin gehen wir?

hier [hir] *Adv.* — **hier**
Het is **hier** erg warm. — Es ist sehr warm hier.

er [ɛr], [ər] *Adv.* — **(u.a.) es, da, etwas**
Hallo! Is **er** iemand thuis? — Hallo! Ist jemand da?
Er gaat niemand naar toe. — Es geht keiner hin.

naar [nar] *Präp.* — **nach, bis, zu, in**
Ik ga liever **naar** de bioscoop dan naar een voetbalwedstrijd. — Ich gehe lieber ins Kino als zu einem Fußballspiel.

in [ɪn] *Präp., Adv.* — **in, an**
Toen ze haar tas opendeed, zag ze dat er een kikker **in** zat.
Als sie ihre Tasche öffnete, sah sie, dass sich ein Frosch darin versteckt hatte.

op [ɔp] *Präp.* — **auf, an**
De vaas staat boven **op** de kast
Die Vase steht oben auf dem Schrank.
Vroeger stonden er veel meer leuzen **op** de muren dan tegenwoordig!
Früher standen viel mehr Parolen auf den Wänden als heutzutage!

aan [an] *Präp.* — **an, zu, in, bei, von**
We zitten al een uur **aan** tafel!
Wir sitzen schon eine Stunde zu Tisch!
Ben je nog **aan** het werk?
Bist du noch beim Arbeiten?

(naar) buiten [(nar) b'œytə(n)] *Adv., Präp.* — **hinaus, draußen**
Loop toch niet zonder jas naar **buiten**. Het is veel te koud.
Lauf doch nicht ohne Mantel nach draußen. Es ist viel zu kalt.

weg [wɛχ] *Adv.* — **fort, weg, entfernt, bewusstlos**
Na die botsing was ik even **weg**.
Nach dem Aufprall war ich kurz bewusstlos.
Maak dat je **weg** komt!
Mach, dass du wegkommst!
Heb jij mijn sleutels gezien? Net lagen ze nog hier, nu zijn ze **weg**.
Hast du meine Schlüssel gesehen? Eben lagen sie noch da, nun sind sie weg!

ergens ['ɛrɣə(n)s] *Adv.* — **irgendwo**
Heb je zin om straks **ergens** te gaan eten?
Hast du Lust, nachher irgendwo essen zu gehen?

nergens [n'ɛrɣə(n)s] *Adv.* — **nirgends, nirgendwo**
In de zomer kan/kun je **nergens** speculaas krijgen.
Im Sommer kann man nirgendwo Spekulatius kaufen.

overal [ovər'ɑl] *Adv.* — **überall**
De hele keuken zit vol mieren. Ze lopen **overal**!
Die ganze Küche ist voller Ameisen. Sie laufen überall herum!

de ruimte [r'œymtə] *f (-n und -s, o. Dim.)* — **der Platz, der Raum**
Jullie kunnen best blijven slapen. We hebben **ruimte** genoeg.
Ihr könnt gerne zum Schlafen bleiben. Wir haben genügend Platz.

de afstand ['ɑfstɑnt] *m (-en, -je)* — **die Entfernung, die Distanz, die Strecke**
Welke **afstanden** moeten de atleten vandaag nog lopen? — Welche Strecken müssen die Athleten heute noch laufen?

ver [vɛr] *Adj., Adv. (-re, -der, -st)* — **weit (weg)**
Hoe **ver** ben je gisteren gewandeld? — Wie weit bist du gestern spazieren gegangen?

nabij [nab'ɛi] *Adj., Adv., Präp.* — **nahe, in der Nähe (von), bei**
Wij wonen al sinds jaren **nabij** de kerncentrale. — Wir leben schon seit Jahren in der Nähe des Kernkraftwerks.

(i) Statt nabij kann man auch ***dichtbij*** oder ***vlakbij*** verwenden. Werden diese aber als Präposition vor einem Substantiv verwendet, zu dem sie gehören, werden sie getrennt geschrieben: *De boom staat dicht bij het huis* (Der Baum steht nahe am Haus.). *Het huisje ligt vlak bij de zee.* (Das Häuschen liegt dicht am Meer.)

naast [nast] *Präp.* — **neben**
Het laatste boek van Harry Mulisch staat **naast** de kassa. — Das neueste Buch von Harry Mulisch steht neben der Kasse.

tegenover [teɣə(n)'ovər] *Präp.* — **gegenüber**
De twee leeuwen stonden briesend **tegenover** elkaar. — Die zwei Löwen standen sich schnaubend gegenüber.
Dat kan/kun je **tegenover** je moeder niet maken. — Das kannst du deiner Mutter gegenüber nicht bringen.

tegen [t'eɣə(n)] *Präp.* — **gegen, an**
We zijn zo **tegen** tien uur terug. — Wir werden so gegen zehn Uhr zurück sein.
De fiets stond **tegen** de muur. — Das Fahrrad war an der Mauer angelehnt.

voorst [vorst] *Adv., Adj. (-e)* — **vordere(-r, -s), vorne**
Mieke zit het liefst op de **voorste** rij. — Mieke sitzt am liebsten in der vordersten Reihe.

voorop [vor'ɔp, v'orɔp] *Adv.* — **die Vorderseite, an erster Stelle, vorn, vorneweg**
Moeder gans loopt **voorop** en de kleintjes erachteraan. — Mutter Gans läuft vorneweg und die Kleinen hinterher.

het midden [m'ɪdə(n)] *n*
(-s, o. Dim.) — **die Mitte**
Midden in de ruit zat een rond gaatje. — In der Mitte der Fensterscheibe war ein rundes Loch.

tussen [t'ʏsə(n)] *Präp.* — **unter, zwischen, inmitten**
Zij kon kiezen **tussen** een reis naar Japan of een nieuwe auto. — Sie konnte wählen zwischen einer Reise nach Japan und einem neuen Auto.

terug [tər'ʏχ] *Adv.* — **zurück, wieder (da)**
Harm is nog niet **terug** van kantoor. — Harm ist noch nicht zurück vom Büro.

achterop [ɑχtər'ɔp] *Adv.* — **die Hinter-, Rückseite, an letzter Stelle, hinten**
De advertentie van onze zaak staat **achterop**. — Die Anzeige unserer Firma steht auf der Rückseite.

achter ['ɑχtər] *Adv., Präp.* — **hinter, dahinter**
Er zit een muis **achter** de boekenkast. — Es sitzt eine Maus hinter dem Bücherregal.

de kant [kɑnt] *m (-en, -je)*
Syn.: de zijde — **die Seite**
Aan welke **kant** van het dorp woon jij? — Auf welcher Seite des Dorfes wohnst du?

rechts [rɛχ(t)s] *Adj., Adv.*
(-e, -er, meest -) — **die rechte Seite, der Rechte, rechts**
Je mag hier niet **rechts** afslaan. — Du darfst hier nicht rechts abbiegen.
Hij mag buitenlanders niet. Hij is nogal **rechts**. — Er mag keine Ausländer. Er ist ziemlich rechts.

rechter [r'ɛχtər] *Adj.* — **rechte (-r, -s)**
Laat je **rechter**hand eens even zien. — Lass mal deine rechte Hand sehen.

links [lɪŋks] *Adj., Adv.*
(-e, -er, meest -) — **die linke Seite, der Linke, links**
Links van mij zat de burgemeester. — Links von mir saß der Bürgermeister.
In de jaren zeventig was hij echt een **linkse** rakker. — In den 70erJahren war er ein echter Linker.

linker [l'ɪŋkər] *Adj.* — **linke(-r, -s)**
Dubbelklikken doe je met de **linker**muisknop. — Doppelklicken tut man mit der linken Maustaste.

boven [b'ovə(n)] *Adv., Präp.* — **hoch, oben, über, oberhalb, ober, neben, hinauf**
Boven op de berg is het kouder dan onderaan. — Oben auf dem Berg ist es kälter als unten.
Dat gaat mijn verstand te **boven**. — Das geht über meinen Verstand.

langs [lɑŋs] *Adv., Präp.* — **(he)rüber, hinüber, vorbei**
Kom toch even **langs**, als je wilt praten. — Komm doch kurz vorbei, wenn du reden möchtest.

hoog [hoχ] *Adj., Adv. (hoge, hoger, -st)* — **hoch**
De Mont Blanc is de **hoogste** berg van Europa. — Der Mont Blanc ist der höchste Berg Europas.

onder ['ɔndər] *Adv., Präp.* — **unter**
Het boek ligt **onder** het dienblad. — Das Buch liegt unter dem Tablett.

beneden [bən'edə(n)] *Adv., Präp.* — **unten, unter, unterhalb**
Een groot deel van Nederland ligt **beneden** de zeespiegel. — Ein großer Teil der Niederlande liegt unter dem Meeresspiegel.
Gaat de lift naar **beneden** of naar boven? — Fährt der Aufzug nach unten oder nach oben?

laag [laχ] *Adj., Adv. (lage, lager, -st)* — **tief, niedrig**
Kan/Kun je dit lied ook een toontje **lager** spelen? — Kannst du dieses Lied auch einen Ton tiefer spielen?

diep [dip] *Adj., Adv. (-e, -er, -st)* — **tief**
Dit meer is op sommige plekken wel 40 meter **diep**. — Dieser See ist an manchen Stellen fast 40 Meter tief.

het oppervlak ['ɔpərvlɑk] *n (-ken, -je)* — **die Oberfläche**
Die steen heeft een mooi glad **oppervlak**. — Der Stein da hat eine schöne, glatte Oberfläche.

vlak [vlɑk] *Adj., Adv. (-ke, -ker, -st)* — **flach, eben**
In Nederland is het zo **vlak** als in Oost-Friesland. — In den Niederlanden ist es so flach wie in Ostfriesland.

lang [lɑŋ] *Adj., Adv. (-e, -er, -st)* — **lang**
Weet jij hoe **lang** een voetbalveld is? — Weißt du, wie lang ein Fußballfeld ist?

recht [rɛχt] *Adj., Adv. (-e, -er, -st)* — **gerade**
Die (Dat) liniaal is niet meer **recht.** Heb je geen andere? — Das Lineal ist nicht mehr gerade. Hast du kein anderes?

breed [bret] *Adj., Adv. (brede, breder, -st)* — **breit, weit**
De Rijn is een **brede** rivier. — Der Rhein ist ein breiter Fluss.

smal [smɑl] *Adj. Adv. (-le, -ler, -st)* — **schmal**
Een steegje is een **smal** straatje. — Eine Gasse ist eine schmale Straße.

BEWEGUNG UND RUHE

(zich) bewegen [(zɪχ) bəw'eɣə(n)] *V/i, V/t, V/r* — **(sich) bewegen**
Na die val kan ik mijn rechterarm niet meer **bewegen**. — Nach dem Sturz kann ich meinen rechten Arm nicht mehr bewegen.

(om)draaien [(ɔm)dr'ajə(n)] *V/i, V/t* — **sich (um-, herum)drehen, sich (um)wenden**
De elpees van vroeger moest je nog **omdraaien**. — Die Langspielplatten von früher musste man noch umdrehen.

de stap [stɑp] *m (-pen, -je)* — **der Schritt**
Dit was echt een **stap** in de goede richting. — Das war echt ein Schritt in die richtige Richtung.

springen [spr'ɪŋə(n)] *V/i (is/heeft gesprongen)* — **springen, hüpfen**
Kangoeroes kunnen hoog én ver **springen**. — Kängurus können hoch und weit springen.

omhooggaan [ɔmh'oχan]
V/i Syn.: stijgen
Gaat de barometer **omhoog** of omlaag?
De beurzenkoersen **zijn** behoorlijk **omhooggegaan**.

(an)steigen, auf-, hochsteigen, (an)heben
Steigt das Barometer oder fällt es?
Die Börsenkurse sind ziemlich gestiegen.

ondergaan ['ɔndərɣan] *V/i, Syn.:* zinken
De Estonia **was** binnen een paar seconden **ondergegaan**.

sinken, untergehen
Die Estonia war innerhalb weniger Sekunden gesunken.

dalen [d'alə(n)] *V/i*
Mijn bloeddruk **is** gelukkig weer **gedaald**.

sinken, hinuntergehen
Mein Blutdruck ist glücklicherweise wieder gesunken.

vallen [v'ɑlə(n)] *V/i*
Pia **is** gisteren van de trap **gevallen**.

(herunter)fallen, (hinunter)stürzen
Pia ist gestern die Treppe hinuntergestürzt.

de val [vɑl] *f/m (-len, o. Dim.)*
De **val** van de Talibaan was voorspelbaar.

der Sturz, der Fall
Der Sturz der Taliban war vorhersehbar.

liggen [l'ɪɣə(n)] *V/i*
Ligt er bij jullie ook al sneeuw?

liegen, sich legen
Liegt bei euch auch schon Schnee?

zitten [z'ɪtə(n)] *V/i*
De kat **zit** voor het raam in de zon.

sitzen, sich setzen
Die Katze sitzt am Fenster in der Sonne.

staan [stan] *V/i, V/t*
De boter **staat** in de koelkast.

stehen
Die Butter steht im Kühlschrank.

SCHNELL UND LANGSAM

de snelheid [sn'ɛlhɛit] *f (snelheden, -je) Syn.:* het tempo
De nieuwe trein rijdt met een **snelheid** van 300 km per uur.

die Geschwindigkeit, das Tempo
Der neue Zug fährt mit einer Geschwindigkeit von 300 km/h.

rennen [r'ɛnə(n)] *V/i, Syn.:* hollen
Zullen we een stukje **rennen**? Dan worden we sneller warm.

rennen, laufen
Wollen wir ein Stückchen rennen? Dann werden wir schneller warm.

lopen [l'opə(n)] *V/i*
Ik heb een blaar aan mijn voet. Ik kan haast niet meer **lopen**.

laufen, (zu Fuß) gehen
Ich habe eine Blase an meinem Fuß. Ich kann kaum noch gehen.

de haast [hast] *f/m (o. Pl. und Dim.) Syn.:* de spoed
Je hoeft het boek niet meteen terug te brengen. Er is geen **haast** bij.

die Eile
Du musst das Buch nicht sofort zurückbringen. Es hat keine Eile.

haast [hast] *Adv.*
De broers zijn al **haast** even groot.

fast, beinahe
Die Brüder sind schon fast gleich groß.

(zich) haasten [(ziχ) h'astə(n)], *V/i, V/r, Syn.:* (zich) spoeden
Je hoeft **je** niet te **haasten**, ik wacht wel even.

beeilen, in Eile sein
Du brauchst dich nicht zu beeilen, ich warte schon so lange.

snel [snɛl] *Adj., Adv. (-le, -ler, -st) Syn.:* vlug, rap
Maike kan ongelooflijk **snel** rekenen.

schnell
Maike kann unglaublich schnell rechnen.

langzaam [l'ɑŋzam] *Adj., Adv. (-langzame, langzamer, -st)*
Als het buiten glad is, moet je **langzaam** rijden.

langsam
Wenn es draußen glatt ist, musst du langsam fahren.

RICHTUNG

de richting [r'ɪχtɪŋ] *f (-en, o. Dim.)*
We lopen in de verkeerde **richting.** Het museum is daarginds.

die Richtung
Wir laufen in die falsche Richtung. Das Museum ist dort drüben.

langs [lɑŋs] *Präp., Adv.*
De mooiste herenhuizen staan **langs** de grachten.

entlang
Die schönsten Herrenhäuser stehen entlang der Kanäle.

door [dor] *Adv.*
Hoewel het stoplicht op rood stond, fietste hij gewoon **door**.
We wandelen graag urenlang **door** het bos

weiter, durch, herum, umher
Obwohl die Ampel rot zeigte, radelte er einfach weiter.
Wir wandern gerne stundenlang durch den Wald.

rondom [rɔnt'ɔm, r'ɔntɔm], *Präp., Syn.:* om
Rondom het oude kasteel staan overal oude eiken.

um (herum), herum
Um das alte Schloss herum stehen überall alte Eichen.

naar [nar] *Präp.*
Annelies is arts. Ze gaat voor twee jaar **naar** Afrika.

nach, in Richtung
Annelies ist Ärztin. Sie geht für zwei Jahre nach Afrika.

(waar) heen [war h'en] *Präp.*
Waar gaan jullie zo laat nog **heen**?

hin
Wo wollt ihr so spät noch hin?

in [ɪn] *Adv.*
De klant stopte de boodschappen **in** de tas, maar liet zijn portemonnee liggen.

in (hinein)
Der Kunde steckte die Einkäufe in die Tasche, ließ aber seinen Geldbeutel liegen.

uit [œyt] *Adv.*
De beste riesling-wijnen komen **uit** Duitsland.

von, aus
Die besten Rieslingweine stammen aus Deutschland.

(naar) buiten [(nar) b'œytə(n)] *Adv.*
Als je wilt spelen, ga je maar naar **buiten**!

(nach) (dr)außen
Wenn du spielen willst, gehst du besser nach draußen.

weg [wɛχ] *Adv.*
Maak dat je **weg** komt! Ik wil je niet meer zien.
Je bent te laat! Maarten is al een uur **weg**.

ab, aus, davon, weg
Mach, dass du wegkommst! Ich will dich nicht mehr sehen.
Du bist zu spät! Maarten ist bereits eine Stunde weg.

over [ovər] *Adv.*
Om naar het centrum te komen, moet je hier de brug **over**.

über
Um ins Zentrum zu gelangen, musst du hier über die Brücke.

via [v'ija] *Präp.*
Via deze weg kom je naar het tuincentrum.

über, durch, von
Über diese Straße kommt man zum Gartencenter.

KOMMEN UND GEHEN

komen [k'omə(n)] *V/i* — **kommen**
Hoeveel mensen **komen** er vanavond op je feestje? — Wie viele Leute kommen heute Abend zu deiner Party?

verschijnen [vərsχ'ɛinə(n)] *V/i* — **erscheinen**
Pim moet morgen voor de rechter **verschijnen**. — Pim muss morgen vorm Gericht erscheinen.

opdagen ['ɔbdaɣə(n)] *V/i* — **erscheinen, auftauchen**
Zij had wel 30 mensen uitgenodigd, maar er kwam niemand **opdagen**. — Sie hatte bestimmt 30 Leute eingeladen, aber niemand erschien.

aankomen ['ankomə(n)] *V/i* — **ankommen, eintreffen**
Dit jaar **komt** de Sint in Volendam **aan**. — Dieses Jahr wird der Nikolaus in Volendam ankommen.

arriveren [ɑriv'erə(n)] *V/i* — **ankommen, eintreffen**
Het vliegtuig zal over enkele minuten in Berlijn **arriveren**. — Das Flugzeug wird in wenigen Minuten in Berlin ankommen.

binnenkomen [b'ɪnə(n)komə(n)] *V/i* — **eintreten, hereinkommen**
De volgende patiënt kan **binnenkomen**. — Der nächste Patient kann eintreten.

gaan [ɣan] *V/i* — **gehen, fahren, laufen**
Weet u misschien hoe laat de volgende trein **gaat**? — Wissen Sie vielleicht, wann der nächste Zug fährt?

weggaan [w'ɛχan] *V/i, Syn.:* vertrekken — **fort-, weggehen, aufbrechen, losgehen**
Ze zijn vanmorgen al vroeg **weggegaan**. — Sie sind heute Morgen schon früh aufgebrochen.

voorbijgaan [vorb'ɛiɣan] *V/i, V/t* — **vorbeigehen, -fahren, -kommen (an), überholen**
De vakantie **gaat** altijd zo snel **voorbij**. — Der Urlaub geht immer so schnell vorbei.

stoppen [st'ɔpə(n)] *V/i, V/t* — **(an)halten, stoppen**
Ik **stop** wel even voor de deur. — Ich halte mal kurz vor der Tür.

terugkomen [tər'ɣχkomə(n)] *V/i* — **zurückkehren, -kommen**
Toen Wouter **terugkwam**, bleek zijn huis te zijn afgebrand. — Als Wouter zurückkehrte, stellte sich heraus, dass sein Haus abgebrannt war.

MENGENBEGRIFFE

nog een [nɔχ en] — **noch ein(e, -s), ein(e) weitere(r, -s)**
Zullen we **nog een** pilsje pakken? — Wollen wir noch ein Bier trinken?

beide [b'ɛidə] *Num., Syn.:* allebei — **beide, beides**
We moeten **beiden** naar de tandarts. — Wir müssen beide zum Zahnarzt.

ⓘ ***Beide*** *(beide),* ***sommige*** *(einige),* ***alle*** *(alle),* ***andere*** *(andere)* bekommen in der Pluralform ein ***n***, wenn es sich um Personen handelt: ***Jan en Klaas gingen beiden mee*** *(Jan und Klaas gingen beide mit). Aber:* ***Hier zijn de eieren. Sommige zijn kapot.*** *(Hier sind die Eier. Einige sind kaputt.)*

het dozijn [doz'ɛin] *n (-en, -tje)* — **das Dutzend**
Van die ringen gaan er toch dertien in het **dozijn**. — Von solchen Ringen gehen doch zwölf auf ein Dutzend.

het kwart [kwɑrt] *n (-en, -je)* — **das Viertel**
Een **kwart** van zijn leven staat de mens te wachten. — Ein Viertel seines Lebens verbringt der Mensch mit Warten.

de helft [hɛlft] *f/m (-en, -je)* — **die Hälfte, die Halbzeit**
Wil je ook een **helft** van de sinaasappel? — Magst du auch eine halbe Orange?
In de eerste **helft** was het best een spannende wedstrijd. — In der ersten Halbzeit war es durchaus ein spannendes Spiel.

genoeg [ɣən'uχ] *Num.* — **genug, genügend**
Ze had niet **genoeg** bakpoeder in de cake gedaan. — Sie hatte nicht genug Backpulver in den Kuchen getan.

veel [vel] *Num. (vele, meer, meest)* — **viel(e), eine Menge**
In Europa lijden al **veel** mensen aan aids, maar in Afrika nog **meer**. — In Europa sind bereits viele Menschen an Aids erkrankt, aber in Afrika noch mehr

meer (dan) [mer dɑn] *Num.* — **über, mehr als**
Er liggen **meer dan** 600 dode vogels op het strand. — Es liegen mehr als 600 tote Vögel am Strand.

minder (dan) [m'ɪndər (dɑn)] *Num.* — **weniger**
We hebben **minder** geld **dan** zij, maar toch gaan we vaker op vakantie.
Wir haben (zwar) weniger Geld als sie, fahren aber doch öfter in Urlaub.

meest [mest] *Adj., Adv.* — **meiste, am meisten**
De **meeste** mensen hebben wel een pc.
Die meisten Menschen besitzen einen Rechner.

al [ɑl] *Pron.* — **all(e, -es), ganz(e, -es), samt**
Heb jij de appel met schil en **al** opgegeten?
Hast du den Apfel samt Schale gegessen?

een paar [par] *n (paren, -tje)* — **ein paar, einige**
Mijn ouders zijn er een **paar** dagen tussenuit.
Meine Eltern sind für ein paar Tage weggefahren.

iets [its] *Pron.* — **etwas, ein wenig**
Kun je **iets** opschuiven, dan kunnen wij ook nog zitten.
Kannst du etwas rücken, dann haben wir auch noch Platz.

weinig [w'ɛinəχ] *Adv., Pron., Num. (-e, minder, minst)* — **wenig(e), gering, nicht viel**
Famke heeft te **weinig** appels gekocht.
Famke hat zu wenig Äpfel gekauft.
Het scheelde maar **weinig** of we waren nat geworden.
Es fehlte nicht viel und wir wären nass geworden.
Op nieuwjaarsdag zijn er meestal maar **weinig** auto's op straat.
Am Neujahrstag sind meistens nur wenige Autos unterwegs.

minst [mɪnst] *Adj., Adv. (-e)* — **wenigste(r, -s), geringste(r, -s), wenigstens, am geringsten**
Je kunt op z'n **minst** even naar me luisteren.
Du könntest mir wenigstens zuhören!

geen [ɣen] *Pron., Num., Art.* — **kein(e)**
Naar hem zal **geen** haan meer kraaien.
Nach ihm wird kein Hahn mehr krähen.
Ze hebben **geen** enkele dader kunnen vinden voor de brand.
Sie haben keinen einzigen Täter für den Brand ausfindig machen können.
Deze wijn is toch **geen** bordeaux?
Dieser Wein ist doch kein Bordeaux?

niets [nits] *Pron., Adv.* — **nichts**
Loopt u maar gewoon door! Er is **niets** aan de hand.
Gehen Sie ruhig weiter! Es ist nichts passiert.

GRUNDZAHLEN

nul [nʏl]	**null**
1 **een** [en]	**eins**
2 **twee** [twe]	**zwei**
3 **drie** [dri]	**drei**
4 **vier** [vir]	**vier**
5 **vijf** [vɛif]	**fünf**
6 **zes** [zɛs]	**sechs**
7 **zeven** [z'evə(n)]	**sieben**
8 **acht** [aχt]	**acht**
9 **negen** [n'eɣə(n)]	**neun**
10 **tien** [tin]	**zehn**
11 **elf** [ɛlf]	**elf**
12 **twaalf** [twalf]	**zwölf**
13 **dertien** [d'ɛrtin]	**dreizehn**
14 **veertien** [v'ertin]	**vierzehn**
15 **vijftien** [v'ɛiftin]	**fünfzehn**
16 **zestien** [z'ɛstin]	**sechzehn**
17 **zeventien** [z'evə(n)tin]	**siebzehn**
18 **achttien** [ɑ'χtin]	**achtzehn**
19 **negentien** [n'eɣə(n)tin]	**neunzehn**
20 **twintig** [tw'ɪntəχ]	**zwanzig**
21 **eenentwintig** [enɛntw'ɪntəχ]	**einundzwanzig**
22 **tweeëntwintig** [tweɛntw'ɪntəχ]	**zweiundzwanzig**

30	**dertig** [d'ɛrtəχ]	**dreißig**
40	**veertig** [f'ertəχ]	**vierzig**
50	**vijftig** [f'ɛiftəχ]	**fünfzig**
60	**zestig** [s'ɛstəχ]	**sechzig**
70	**zeventig** [s'evə(n)təχ]	**siebzig**
80	**tachtig** [t'ɑχtəχ]	**achtzig**
90	**negentig** [n'eɣə(n)təχ]	**neunzig**
100	**honderd** [h'ɔndərt]	**(ein)hundert**
1.000	**duizend** [d'œyzənt]	**(ein)tausend**
1.000.000	**miljoen** [mɪlj'un]	**(eine) Million**

het getal [ɣət'ɑl] *n (-len, -letje)* — **die Zahl**

Honderd is een **getal** van drie cijfers. — Einhundert ist eine Zahl mit drei Ziffern.

de som [sɔm] *f/m (-men, -metje) (Syn. in Bedeutung von Betrag:* het bedrag*)* — **die Summe, der Betrag, die Rechenaufgaben**

We hebben toch nog een flinke **som** gekregen voor het huis. — Wir haben doch noch eine hübsche Summe für das Haus bekommen.

De kinderen hebben weer veel **sommen** op. — Die Kinder haben wieder viele Rechenaufgaben auf.

MASSE UND GEWICHTE

de meter [m'etər] *m (-s, -tje)* — **der Meter**

de centimeter [s'ɛntimetər] *m (-s, -tje)* — **der Zentimeter, das Maßband**

de mijl [mɛil] *f/m (-en, -tje)* — **die Meile**

de voet [vut] *m.* *(hier o. Pl. und Dim.)*	**der Fuß**
de (Engelse) duim [dœym] *m. (hier o. Pl. und Dim.)*	**der Zoll**
de *und* **het kilo** [k'ilo] *f/m* und *n (-'s, kilootje)*	**das Kilo**
het pond [pɔnt] *n (-en, -je)*	**das Pfund**
de *und* **het mud** [mʏt] *f/m* und *n (-den, -je)*	**eine große Menge (Hektoliter)**

ORDNUNGSBEGRIFFE

de *und* **het soort** [sort] *f/m* und *n (-en, -tje)*	**die Art, die Sorte**
Deze **soort** apen zie je alleen nog maar in Zuid-Amerika.	Diese Affenart sieht man nur noch in Südamerika.
Ik hou het meest van dit **soort** appels.	Ich mag diese Apfelsorte am liebsten.
het *und* **de type** [t'ipə] *f/m* und *n (-n* und *–s, -tje)*	**der Typ, die Art, die Sorte, das Modell**
Bij de garage stonden vele verschillende **typen** van auto's.	Bei der Werkstatt standen viele verschiedene Automodelle.
de maat [mat] *f/m* *(maten, -je)*	**die Größe**
Ik heb nogal grote voeten. Ik had met 14 al **maat** 46.	Ich habe ziemlich große Füße. Als ich 14 war, hatte ich schon (Schuh)Größe 46.
de kwaliteit [kwalit'ɛit] *f* *(-en, -je)*	**die Qualität**
De **kwaliteit** van de kleren is er de laatste tijd behoorlijk op achteruit gegaan.	Die Qualität der Kleider hat in den letzten Jahren ziemlich nachgelassen.
de klas(se) [kl'ɑsə] *f* *(-en, o. Dim.)*	**die Klasse**
Schilderijen van Picasso zijn nog steeds een **klasse** apart.	Gemälde von Picasso sind noch immer eine Klasse für sich.

de volgorde [v'ɔlχɔrdə] *f/m (-n* und *-s, -tje)* — **die Reihenfolge, die Folge**

Kun jij de facturen even op **volgorde** leggen. — Kannst du die Rechnungen in die richtige Reihenfolge bringen.

het paar [par] *n (paren, -tje)* — **das Paar**

Hans en Hanneke zijn al 10 jaar een **paar**. — Hans und Hanneke sind schon seit 10 Jahren ein Paar.

Wim heeft maar liefst 10 **paar** schoenen in de kast staan. — Wim hat nicht weniger als 10 Paar Schuhe im Schrank stehen.

Ik moet nog een **paar** dingetjes opruimen. — Ich muss nur noch ein paar Sachen aufräumen.

de groep [ɤrup] *f/m (-en, -je)* — **die Gruppe**

Bij de bus stond er een hele **groep** bejaarden te wachten. — Beim Bus wartete eine ganze Gruppe Senioren.

UNTERSCHIED UND EINTEILUNG

geen [ɤen] *Pron.* — **kein(e), nicht**

De jongetjes zagen **geen** gevaar toen ze op het dunne ijs stapten. — Die Buben sahen keine Gefahr, als sie auf das dünne Eis gingen.

slechts [slɛχ(t)s] *Adv.* — **nur**

De magnetron heeft **slechts** 200 euro gekost. — Die Mikrowelle hat nur 200 Euro gekostet.

alleen [ɑl'ən] *Adj., Adv.* — **allein(e), einzig**

Sinds mijn vader dood is, zit mijn moeder veel **alleen** thuis. — Seit mein Vater tot ist, sitzt meine Mutter viel allein zu Hause.

enkel ['ɛŋkəl] *Adj., Adv., Num. (-e)* — **einzeln(e), einzig, einfach, bloß, wenig(e)**

Hij liep **enkel** en alleen voor zijn vriendin naar de bakker. — Einzig und allein seiner Freundin zuliebe lief er zum Bäcker.

Na de ramp stonden er nog slechts **enkele** gebouwen overeind. — Nach der Katastrophe waren nur noch einzelne Gebäude stehen geblieben.

het stuk [stʏk] *n (-ken, -je)* — **das Stück, das Stückchen**

Lust je nog een **stukje** taart? — Magst du noch ein Stückchen Torte?

het deel [del] *n (delen, -tje)* Deze puzzel bestaat uit 3000 **deeltjes**.	**der/das Teil** Dieses Puzzle besteht aus 3000 Teilen.
naast [nast] *Präp.* **Naast** een auto van de zaak krijg ik ook nog een 13e maand.	**neben, außer** Neben einem Firmenwagen bekomme ich auch noch ein 13. Monatsgehalt.
volgend [v'ɔlɣənt] *Adj. (-e)* De **volgende** keer nemen we maar beter een paraplu mee.	**nächste(r, -s)** Das nächste Mal nehmen wir besser einen Regenschirm mit.
samen [s'amə(n)] *Adv.* We gaan vanmiddag **samen** met de buren naar de film.	**zusammen, miteinander, gemeinsam** Wir gehen heute Nachmittag zusammen mit den Nachbarn ins Kino.
naar [nar] *Präp., Syn.:* net als Marijke heet **naar** haar moeder, Mark **naar** zijn vader.	**wie** Marijke heißt wie ihre Mutter, Mark wie sein Vater.
(net) zo...als [zo als] *Adv.* Ik ben **net zo** slecht in wiskunde **als** mijn broer.	**(genau) so ... wie** Ich bin genauso schlecht in Mathe wie mein Bruder
dezelfde/hetzelfde [dəz'ɛlvdə/hɛts'ɛlvdə] *Pron.* We rijden al zo'n 20 jaar met **dezelfde** auto. Nu staan we alweer op **hetzelfde** plein als daarnet.	**der/die/das gleiche, der-, die-, dasselbe** Wir fahren seit ca. 20 Jahren immer noch dasselbe Auto. Nun stehen wir schon wieder am gleichen Platz wie vorhin.
(een) ander [(en) ɑndər] *Pron. (-e)* Het land heeft nu een **andere** koning.	**(ein) andere(-r, -s)** Das Land hat jetzt einen anderen König.
anders ['ɑndərs] *Adj., Adv.* Onze hond is **anders** nooit zo agressief. Lust je nog een kopje koffie of wil je iets **anders** drinken?	**sonst (noch), andere(-r, -s), anders, verschieden, unterschiedlich, schwul** Unser Hund ist sonst nicht so aggressiv. Magst du noch eine Tasse Kaffee oder willst du etwas anderes trinken?

De nieuwe winkel is heel **anders** dan de vorige.
Hij is **anders**, maar dat maakt mij niet uit.

Der neue Laden ist ganz anders als der alte.
Er ist schwul, aber das ist mir egal.

de rest [rɛst] *f/m (-en, -je)*
De **rest** van Europa ligt onder een flink pak sneeuw.
Geef de **restjes** maar aan de hond.

der Rest
Der Rest Europas liegt unter einer dicken Schneedecke.
Du kannst dem Hund das restliche Essen geben.

overig [ˈovərəχ] *Adj.*
Ik heb de **overige** groente maar in de vriezer gedaan.

Restlich(-r, -s), verbleibende(-r, -s), der Rest
Ich habe das restliche Gemüse in den Gefrierschrank getan.

dan [dɑn] *Konj.*
In Amsterdam is het leven duurder **dan** in de rest van Nederland.

als
In Amsterdam ist das Leben teurer als im Rest der Niederlande.

regelmatig [reɣəlmˈatəχ] *Adj., Adv. (-e, -er, -st)*
Hij ging wel **regelmatig** bij zijn ouders op bezoek, maar zij niet bij hem.

regelmäßig
Er besuchte seine Eltern schon regelmäßig, aber sie ihn nicht.

gewoon [ɣəwˈon] *Adj., Adv. (gewone, gewoner, -st)*
Je chef doet vaak zo arrogant, maar eigenlijk is hij toch een heel **gewone** jongen.

gewöhnlich, normal, üblich, einfach
Dein Chef benimmt sich oft so arrogant, aber eigentlich ist er doch ganz normal.

erg [ɛrχ] *Adj., Adv. (-e, er, -st)*
Gisteren voelde ik me heel **erg** beroerd.
Het werk schiet lekker op. Het **ergste** hebben we gehad.

ganz, sehr, schlimm, schlecht
Gestern fühlte ich mich sehr elend.
Die Arbeit kommt gut voran. Das Schlimmste haben wir hinter uns.

zeer [zer] *Adj., Adv. (zere, -der, -st)*
Heb jij ook wel eens een **zeer** been?
Van die avond hebben we allemaal **zeer** genoten.

sehr, schmerzhaft
Tut dir auch das Bein manchmal weh?
Diesen Abend haben wir alle sehr genossen.

bijzonder [biz'ɔndər] *Adj., Adv. (-e, -der, -st)* — **besondere(r, -s)**
Dat je vader nu al wakker is, dat is wel heel **bijzonder**. — Dass dein Vater jetzt schon wach ist, das ist etwas Besonderes.

vooral [vor'ɑl] *Adv.* — **besonders, vor allem**
Je moet **vooral** op je houding letten, als je de bal goed wilt raken. — Du musst vor allem auf deine Haltung achten, wenn du den Ball richtig treffen willst.

ORDNUNGSZAHLEN

1e	**eerste** ['erstə]	**erste(-r, -s)**
2e	**tweede** [tw'edə]	**zweite(-r, -s)**
3e	**derde** [d'ɛrdə]	**dritte(-r, -s)**
4e	**vierde** [v'irdə]	**vierte(-r, -s)**
5e	**vijfde** [v'ɛivdə]	**fünfte(-r, -s)**
6e	**zesde** [z'ɛzdə]	**sechste(-r, -s)**
7e	**zevende** [z'evəndə]	**sieb(en)te(-r, -s)**
8e	**achtste** ['ɑχ(t)stə]	**achte(-r, -s)**
9e	**negende** [n'eɤəndə]	**neunte(-r, -s)**
10e	**tiende** [t'ində]	**zehnte(-r, -s)**
11e	**elfde** ['ɛlvdə]	**elfte(-r, -s)**
12e	**twaalfde** [t'walfdə]	**zwölfte(-r, -s)**
13e	**dertiende** [d'ɛrtində]	**dreizehnte(-r, -s)**
14e	**veertiende** [v'ɛrtində]	**vierzehnte(-r, -s)**
15e	**vijftiende** [v'ɛiftində]	**fünfzehnte(-r, -s)**
16e	**zestiende** [z'ɛstində]	**sechzehnte(-r, -s)**
17e	**zeventiende** [z'evə(n)tində]	**siebzehnte(-r, -s)**

18e	**achttiende** [ˈaχtində]	**achtzehnte(-r, -s)**
19e	**negentiende** [ˈneɤə(n)tində]	**neunzehnte(-r, -s)**
20e	**twintigste** [twˈɪntəχstə]	**zwanzigste(-r, -s)**
21e	**eenentwintigste** [enɛntwˈɪntəχstə]	**einundzwanzigste(-r, -s)**
22e	**tweeëntwintigste** [tweɛntwˈɪntəχstə]	**zweiundzwanzigste(-r, -s)**
23e	**drieëntwintigste** [driɛntwˈɪntəχstə]	**dreiundzwanzigste(-r, -s)**
24e	**vierentwintigste** [virɛntwˈɪntəχstə]	**vierundzwanzigste(-r, -s)**
30e	**dertigste** [dˈɛrtəχstə]	**dreißigste(-r, -s)**
40e	**veertigste** [fˈertəχstə]	**vierzigste(-r, -s)**
50e	**vijftigste** [fˈɛiftəχstə]	**fünfzigste(-r, -s)**
60e	**zestigste** [sˈɛstəχstə]	**sechzigste(-r, -s)**
70e	**zeventigste** [sˈevə(n)təχstə]	**siebzigste(-r, -s)**
80e	**tachtigste** [tˈaχtəχstə]	**achtzigste(-r, -s)**
90e	**negentigste** [nˈeɤə(n)təχstə]	**neunzigste(-r, -s)**
100e	**honderdste** [hˈɔndərtstə]	**hundertste(-r, -s)**

URSACHE UND WIRKUNG

waarom [warˈɔm, wˈarɔm] *Adv.* — **warum, weshalb**

Waarom hebben jullie de bal door het raam geschopt? — Warum habt ihr den Ball durchs Fenster geschossen?

de reden [rˈedə(n)] *f/m (-en, -tje)* — **der Grund**

Mij ontgaat de **reden** van dit besluit. — Mir ist der Grund dieser Entscheidung nicht klar.

de oorzaak ['orzak] *f* *(oorzaken, -je)* — **die Ursache**
Weet jij wat de **oorzaak** was van het ongeluk? — Weißt du, was die Ursache des Unfalls war?

omdat [ɔmd'ɑt] *Konj.* — **weil, da**
Ik kan niet lopen, **omdat** ik twee gebroken benen heb. — Ich kann nicht gehen, da ich beide Beine gebrochen habe.

om [ɔm] *Präp.* — **um zu, wegen**
Ik ga vaak naar rommelmarkten **om** oude kaarten te kopen. — Ich gehe oft auf Flohmärkte, um alte Postkarten zu kaufen.
België is bekend **om** zijn voortreffelijke bieren. — Belgien ist bekannt für seine hervorragenden Biere.

ART UND WEISE

de manier [man'ir] *f/m* *(-en, -tje)* — **die Art (und Weise), die Weise, die Methode**
Op deze **manier** zul je nooit een goede violist worden. — Auf diese Weise wirst du nie ein guter Geiger werden.

hoe [hu] *Adv.* — **wie**
Hoe heb je dat voor elkaar gekregen? — Wie hast du das denn geschafft?

zo [zo] *Adv.* — **so**
Kijk, **zo** moet je dat doen! — Schau, so macht man das.
Als je **zo** blijft doorgaan, ben je over een uur nog bezig. — Wenn du so weitermachst, bist du in einer Stunde noch beschäftigt.

zo [zo] *Konj.* — **so, wie**
Zo God het wil, wordt ze honderd jaar. — So Gott will, wird sie hundert Jahre.

helemaal [h'eləmal] *Adv.* — **überhaupt, völlig**
Wij zijn **helemaal** weg van de Beatles. — Wir sind völlig begeistert von den Beatles.
Ik hou **helemaal** niet van Mexicaans eten. — Ich mag mexikanisches Essen überhaupt nicht.

(te)vergeefs [(tə) vərχ'efs] *Adj., Adv., Interj.* — **umsonst, vergeblich**
De postbode belde drie keer aan, maar **tevergeefs**, want er was niemand thuis. — Der Postbote klingelte dreimal, aber vergeblich, denn es war niemand zu Hause.

haast niet [hast nit] *Adv.*
Het onweert **haast niet** meer. Het klaart al weer op.

kaum, fast nicht
Es gewittert kaum noch. Es klart schon wieder auf.

iets [its] *Adv.*
Er schijnt **iets** mis te zijn met de motor. Hij loopt niet meer.

etwas, ein wenig
Es scheint etwas nicht in Ordnung zu sein mit dem Motor. Er läuft nicht mehr.

minstens [m'ɪnstə(n)s] *Adv.*
Ik heb **minstens** twee kilo appels nodig voor de appeltaart.

wenigstens, mindestens, zumindest
Ich brauche mindestens zwei Kilo Äpfel für den Apfelkuchen.

Statt ***minstens*** kann man auch ***ten minste*** oder ***op z'n minst*** sagen. Dagegen bedeutet ***tenminste*** (als ein Wort) ***jedenfalls***.

bijna [b'ɛina] *Adv., Syn.:* nagenoeg, haast
Na de zware storm zat **bijna** heel Nederland zonder stroom.

fast, beinahe
Nach dem schweren Sturm waren die Niederlande fast komplett ohne Strom.

(ge)heel [(ɣə) h'el] *Adj., Adv.* *(-e)*
Hun zoontje zit de **hele** dag achter zijn computer.

ganz, ziemlich, recht
Ihr kleiner Sohn sitzt den ganzen Tag am Computer.

nogal [nɔɣ'ɑl] *Adv.*
Om goed Nederlands te leren heb je **nogal** wat tijd nodig.

ziemlich
Um gut Niederländisch zu lernen, brauchst du ziemlich viel Zeit.

doorgaans [d'orɣans] *Adv., Syn.:* gewoonlijk
In Nederland zijn de verkiezingen **doorgaans** op woensdag.

meistens, normalerweise, gewöhnlich
In den Niederlanden sind die Wahlen meistens am Mittwoch.

meestal [m'estɑl] *Adv.*
Op oudejaarsavond zijn bij ons **meestal** alle kroegen geopend.

hauptsächlich, meistens
An Silvester sind bei uns meistens alle Kneipen geöffnet.

volledig [vɔl'edəχ] *Adj., Adv.* *(-e) Syn.:* compleet
Kunt u mij een **volledig** overzicht van uw producten toesturen?

ganz, völlig, komplett(e, -r, -s)
Können Sie mir eine komplette Übersicht Ihrer Produkte zuschicken?

precies [prəs'is] *Adj., Adv.* *(precieze, preciezer, -st)* — **genau, gerade**

Onze keuken is **precies** vier meter lang en vier meter breed. — Unsere Küche ist genau vier Meter lang und vier Meter breit.

Als je ingenieur wilt worden, moet je heel **precies** met getallen kunnen omgaan. — Wenn du Ingenieur werden willst, musst du sehr genau mit Zahlen umgehen können.

echt [εχt] *Adj., Adv.* *(-e, -er, -st)* — **wirklich, echt(-e, -r, -s)**

Dit schilderij is een **echte** Van Gogh. — Dieses Gemälde ist ein echter Van Gogh.

hard [hɑrt] *Adj., Adv.* *(-e, -er, -st)* — **schwer, hart, fleißig, fest**

Op de boerderij moeten de mensen nog altijd **hard** werken. — Auf einem Bauernhof müssen die Leute noch immer hart arbeiten.

overigens ['ovərəɣə(n)s] *Adv.* — **übrigens, im Übrigen**

Die muziek is **overigens** niet van Bach maar van Beethoven. — Diese Musik ist übrigens nicht von Bach, sondern von Beethoven.

ook [ok] *Adv., Syn.:* tevens, eveneens — **auch, ebenfalls**

Hebben jullie gisteravond **ook** die komeet gezien? — Habt ihr gestern Abend auch den Kometen gesehen?

bovendien [bovənd'in] *Adv., Syn.:* ook, tevens, daarenboven — **außerdem, darüber hinaus**

De politie heeft geen geld en **bovendien** geen personeel meer om het paleis te bewaken. — Die Polizei hat kein Geld und außerdem kein Personal mehr, um den Palast zu bewachen.

zelfs [zεlfs] *Adv.* — **sogar, selbst**

Zelfs voor onze hond is het vandaag buiten te koud. — Sogar unserem Hund ist es heute zu kalt draußen.

plotseling [pl'ɔtsəlɪŋ] *Adv.* *(-e) Syn.:* ineens, onverwacht — **plötzlich, auf einmal**

Mijn tante is heel **plotseling** overleden. — Meine Tante ist ganz plötzlich gestorben.

FARBEN

de kleur [klør] *f/m (-en, -tje)*	**die Farbe**
Kinderen houden ontzettend van mooie bonte **kleuren**.	Kinder lieben schöne bunte Farben sehr.
donker [d'ɔŋkər] *Adj. (-e, -der, -rst)*	**dunkel, dunkel...**
De foto's zijn nogal **donker** geworden.	Die Fotos sind ziemlich dunkel geworden.
het donker [d'ɔŋkər] *n (o. Pl. und Dim.) Syn.:* de duisternis	**das Dunkel, die Dunkelheit**
In de oorlog zaten de mensen vaak in het **donker**.	Im Krieg saßen die Leute oft im Dunkeln.
(het) wit [wɪt] *n (-en, o. Dim.) Adj. (-te, -ter, -st)*	**das Weiß, weiß**
De bruid was helemaal in het **wit**.	Die Braut war ganz in Weiß gekleidet.
Er stonden **witte** rozen op (de) tafel.	Es standen weiße Rosen auf dem Tisch.
(het) zwart [zwɑrt] *n (-en, o. Dim.), Adj. (-e, -er, -st)*	**das Schwarz, schwarz**
Geloof je me niet? Ik heb het hier **zwart** op wit.	Glaubst du mir nicht? Ich habe es hier schwarz auf weiß.
Max is het **zwarte** schaap van de familie.	Max ist das schwarze Schaf in der Familie.

ⓘ Im Niederländischen heißt der/die Schwarze ***de zwarte*** *(-n, -jes)*. In Flandern sind mit ***de zwarten*** auch die Neonazis gemeint.

(het) rood [rot] *n (o. Pl. und Dim.), Adj. (rode, roder, -st)*	**das Rot, rot**
Rood is de kleur van de liefde.	Rot ist die Farbe der Liebe.
Ben je kwaad? Je hebt zo'n **rood** hoofd.	Bist du böse? Du hast so einen roten Kopf.
(het) blauw [blɑu] *n (o. Pl. und Dim.), Adj. (-e, -er, -st)*	**das Blau, blau**
De jurk is wel mooi, maar dit **blauw** staat jou niet.	Das Kleid ist zwar schön, aber dieses Blau steht dir nicht.
Er was geen wolkje te zien aan de stralend **blauwe** lucht.	Es war kein Wölkchen am strahlendblauen Himmel zu sehen.

(het) groen [ɣrun] *n (o. Pl. und Dim.), Adj. (-e, -er, -st)* — **das Grün (auch: Blätter etc.), grün, Grünanlagen**
Het stoplicht staat op **groen**. — Die Ampel ist grün.
Bij een **groen** colbertje staat geen **groen** stropdas. — Zu einem grünen Sakko passt keine grüne Krawatte.
In het openbaar **groen** stap je steeds in hondenpoep. — In öffentlichen Grünanlagen tritt man ständig auf Hundekot.

(het) geel [ɣel] *n (o. Pl. und Dim.), Adj. (-e, -er, -st)* — **das Gelb, gelb**
Jan Ullrich reed bij de Tour de France één dag in het **geel**. — Jan Ullrich fuhr bei der Tour de France einen Tag im gelben Trikot.
Mannen met **gele** truien kiezen meestal FDP. — Männer mit gelben Pullis wählen meistens FDP.

(het) bruin [brœyn] *n (-en, o. Dim.) , Adj. (-e, -er, -st)* — **das Braun, braun**
De verf was een mengsel van **bruinen** en zwarten. — Die Farbe war ein Gemisch aus Braun und Schwarz.
Weet jij waarom de bladeren **bruin** worden? — Weißt du, weshalb die Blätter sich braun färben?

(het) grijs [ɣrɛis] *n (grijzen, o. Dim.), Adj. (grijze, grijzer, -t)* — **das Grau, grau**
Bij de begrafenis was ze helemaal in het **grijs** gekleed. — Bei der Beerdigung war sie ganz in Grau gekleidet.
Grijs haar is heel erg in tegenwoordig. — Graue Haare sind sehr in Mode heutzutage.

FORMEN

de vorm [vɔrm] *f/m (-en, -pje)* — **die Form, die Gestalt**
De vaas op de schoorsteen heeft een aparte **vorm**. — Die Vase am Kamin hat eine ungewöhnliche Form.

de lijn [lɛin] *f/m* — **die Linie, die Strippe**
Wie had je daarnet aan de **lijn**? — Wen hattest du da gerade an der Strippe?
Er stond een mooie rechte **lijn** op het papier. — Auf dem Papier war eine schöne gerade Linie.

(het) vierkant [v'irkɑnt] *n (-en, -je), Adj., Adv. (-e)* — **das Viereck, viereckig**
Kun jij even een **vierkant** voor mij tekenen? — Kannst du mal eben ein Viereck für mich zeichnen?
In de kamer stond een grote **vierkante** tafel. — Im Zimmer stand ein großer viereckiger Tisch.

de cirkel [s'ɪrkəl] *m (-s, -tje)* — **der Kreis**
Syn.: de kring, het rondje
Mijn dochter tekent het liefst **cirkels**. — Meine Tochter zeichnet am liebsten Kreise.

de hoek [huk] *m (-en, -je)* — **der Winkel, die Ecke**
Een vierkant heeft vier **hoeken** van 90 graden. — Ein Viereck besitzt vier Ecken von 90 Grad.

het kruis [krœys] *n (kruizen, -je)* — **das Kreuz**
Hun nieuwe huis had de vorm van een **kruis**. — Ihr neues Haus hatte die Form eines Kreuzes.

de spits [spɪts] *f/m (-en, -je)* — **die Spitze**
De oude kerk heeft een nieuwe **spits** gekregen. — Die alte Kirche hat eine neue Spitze bekommen.

WEITERE VERBEN

zijn [zɛin] V/i — **gehören**
Deze schoenen **zijn** van mij. — Diese Schuhe gehören mir.

groeien [ɣr'ujə(n)] *V/i* — **wachsen**
Het onkruid **groeit** sneller dan het gras. — Unkraut wächst schneller als Gras.

glimmen [ɣl'ɪmə(n)] *V/i* — **glänzen, scheinen**
Is/heeft geglommen
Harry heeft een kaal hoofd dat altijd zo leuk **glimt**. — Harry hat eine Glatze, die immer so nett glänzt.

rinkelen [r'ɪŋkələ(n)] *V/i, V/t* — **klingeln, läuten**
De bel **rinkelt**! Het zal de postbode wel zijn. — Es läutet! Es wird bestimmt der Postbote sein.

behandelen [bəh'ɑndələ(n)] *V/i* — **behandeln, umgehen mit**
Welk onderwerp **behandelen** we vandaag? — Welches Thema behandeln wir heute?
Honden moet je goed **behandelen**, anders worden ze agressief. — Hunde soll man gut behandeln, sonst werden sie aggressiv.

opengaan ['opə(n)ɣan] *V/i*	**öffnen, sich öffnen, aufgehen**
Hoe laat **gaan** hier de winkels **open**?	Wann öffnen die Läden hier?
De deur **ging** vanzelf open.	Die Tür ging von selbst auf.
raken [r'akə(n)] *V/i, V/t (is/heeft geraakt)*	**schlagen, treffen**
Zijn dood heeft mij zeer **geraakt**.	Sein Tod hat mich sehr getroffen.
Als je het net **raakt**, ben ik weer aan de beurt.	Wenn du das Netz triffst, bin ich wieder an der Reihe.
breken [br'ekə(n)] *V/i, V/t, is/heeft gebroken*	**(sich) brechen, zerbrechen**
Zij heeft alweer haar woord **gebroken**.	Sie hat schon wieder ihr Wort gebrochen.
Marjolein heeft haar arm op twee plaatsen **gebroken**.	Marjolein hat ihren Arm an zwei Stellen gebrochen.
branden [br'ɑndə(n)] *V/i, V/t*	**brennen**
Nat hout **brandt** niet. Je moet het eerst laten drogen.	Nasses Holz brennt nicht. Du musst es erst trocknen lassen.

WEITERE ADJEKTIVE

groot [ɣrot] *(-grote, groter, -st)*	**groß, erwachsen**
Brussel is de **grootste** stad van België.	Brüssel ist die größte Stadt in Belgien.
tenger [t'ɛŋər] *(-e, -der, -st)*	**klein (und leicht), zierlich, schmächtig**
Je ziet tegenwoordig veel meer **tengere** vrouwen dan vroeger.	Heutzutage sieht man viel mehr zierliche Frauen als früher.
klein [klɛin] *(-e, -er, -st)*	**klein**
Woody Allen is een **klein** mannetje, maar een groot cineast.	Woody Allen ist ein kleiner Mann, aber ein großer Filmemacher.
kort [kɔrt] *(-e, -er, -st)*	**kurz, klein**
Als je je trui te heet wast, wordt hij een heel stuk **korter**.	Wenn du deinen Pulli zu heiß wäschst, wird er viel kleiner.
We mogen wel opschieten. Het is **kort** dag.	Wir müssen uns beeilen. Die Zeit ist kurz.

dik [dik] *(-ke, -ker, -st)*
Els lijkt wel zwanger. Ze is heel **dik** geworden.
Daan en ik zijn al jaren **dikke** vrienden.

dick
Els könnte schwanger sein. Sie ist ganz dick geworden.
Daan und ich sind schon seit Jahren dicke Freunde.

dun [dʏn] *(-ne, -ner,- st)*
Heb je een **dun** kwastje voor mij?

dünn
Hast du ein dünnen Pinsel für mich?

zwaar [zwar] *(zware, -der, -st)*
Ze hebben voor vanavond (een) **zware** storm voorspeld.

schwer
Sie haben für heute Abend einen schweren Sturm vorhergesagt.

licht [lɪχt] *(-e, -er,- st)*
Ik word 's nachts snel wakker. Ik heb een **lichte** slaap.

leicht
Ich wache nachts schnell auf. Ich habe einen leichten Schlaf.

moeilijk [m'ujlək] *(-e, -er, -st)*
De minister had een **moeilijke** taak te volbrengen.

schwer, schwierig
Der Minister hatte eine schwierige Aufgabe zu bewältigen.

makkelijk [m'ɑkələk] *(-e, -er, -st) Syn.:* geriefelijk
Ik zit niet zo graag op zo'n hard krukje. Heb je geen **makkelijke** stoel?

leicht, einfach, bequem
Ich sitze nicht so gerne auf so einem harten Hocker. Hast du keinen bequemen Sessel?

sterk [stɛrk] *(-e, -ker,- st)*
Mijn oma was een **sterke** vrouw.

stark
Meine Oma war eine starke Frau.

slap [slɑp] *(-pe, -per, -st)*
Ik voel me nog zo **slap** na die operatie.
Gisteren stond er nog een **slap** briesje, maar vandaag stormt het.

schwach, sanft
Ich fühle mich noch so schwach nach der Operation.
Gestern hatten wir noch eine sanfte Brise, aber heute ist es stürmisch.

week [wek] *(weke, weker, -st)*
Rik kan daar niet tegen. Hij heeft een **week** hartje.

weich
Rik kann das nicht haben. Er hat ein weiches Herz.

zwak [zwɑk] *(-ke, -ker, -st)*
Hij heeft een nogal zwakke maag.

schwach, zart, empfindlich, sanft
Er hat einen ziemlich empfindlichen Magen.

scherp [sχɛrp] *(-e, -er, -st)*
Met een **scherp** potlood kun je beter tekenen.

scharf, spitz
Mit einem spitzen Bleistift kann man besser zeichnen.

zacht [zɑχt] *(-e, -er, -st)*
Het vliegtuig maakte een **zachte** landing.
Oktober was een heel **zachte** maand.

mild, leise, sanft
Das Flugzeug machte eine sanfte Landung.
Der Oktober war ein sehr milder Monat.

heet [het] *(hete, heter, -st)*
Griekenland heeft een **hete** zomer achter de rug.
Haar man is een Spanjaard. En hij heeft echt **heet** bloed!

heiß, warm
Griechenland kann auf einen heißen Sommer zurückblicken.
Ihr Mann ist (ein) Spanier. Er hat echt heißes Blut!

warm [wɑrm] *(-e, -er, -st)*
We hadden vorig jaar een **warme** zomer en een koude winter.

warm
Letztes Jahr hatten wir einen warmen Sommer und einen kalten Winter.

helder [h'ɛldər] *(-e,- -der, -st)*
Zweefvliegen is het mooist bij **helder** weer.
Zwitserland heeft veel meren met prachtig **helder** water.

klar, deutlich
Segelfliegen ist am schönsten bei klarem Wetter.
Die Schweiz hat viele Seen mit herrlich klarem Wasser.

duidelijk [d'œydələk] *(-e, -er, -st)*
Ik eis een **duidelijke** verklaring van jou.

klar, deutlich
Ich fordere eine deutliche Erklärung von dir.

rustig [r'ʏstəχ] *(-e, -er, -st), Syn.:* kalm
Wij wonen in een **rustige** straat.
Op jouw leeftijd mag je het best eens wat **rustiger** aan doen.

ruhig
Wir wohnen in einer ruhigen Straße.
In deinem Alter kannst du es durchaus mal ruhiger angehen lassen.

vol [vɔl] *(-le, -ler, -st)*
Toen Lady Di was verongelukt, stonden de kranten er dagenlang **vol** van.
Mijn broertje spreekt altijd met **volle** mond.

voll
Als Lady Di verunglückt war, waren die Zeitungen tagelang voll davon.
Mein kleiner Bruder spricht immer mit vollem Mund.

leeg [leχ] *(lege, leger, -st)*
Vooraan zie ik nog twee **lege** stoelen.

leer
Vorne sehe ich noch zwei leere Stühle.

open ['opə(n)]
Hebben jullie ook een **open** haard in de zitkamer?

offen, auf
Habt ihr auch einen offenen Kamin im Wohnzimmer?

aan [an]
Bij mijn buren staat de hele dag de radio **aan**.

ein(geschaltet), an
Bei meinen Nachbarn ist das Radio den ganzen Tag eingeschaltet.

uit [œyt]
Als je mat staat, is het spel **uit**.
Ik ga alvast naar bed. Doe jij het licht straks **uit**?

aus(geschaltet)
ab(geschaltet)
Bei Schach und matt ist das Spiel aus.
Ich gehe schon mal ins Bett. Schaltest du nachher das Licht aus?

nieuw [niw] *(-e, -er, -st)*
Kennissen van mij kopen elk jaar een **nieuwe** auto.

neu
Bekannte von mir kaufen sich jedes Jahr ein neues Auto.

modern [mod'ɛrn] *(-e, -er, -st)*
Nederlands is een **moderne** taal.

modern
Niederländisch ist eine moderne Sprache.

laatste ['latstə]
Sigmund, het **laatste** boek van Harry Mulisch, gaat over Hitler.

neueste(r, -s)
Sigmund, das neueste Buch von Harry Mulisch, handelt von Hitler.

oud [ɑut] *(-e, -er, -st)*
Ik ga elke dag naar de bakker. Ik hou niet van **oud** brood.

alt
Ich gehe jeden Tag zum Bäcker. Ich mag kein altes Brot.

ouderwets [ɑudərw'ɛts] *(-e, -er)*
Op vlooienmarkten vind je veel **ouderwetse** spullen.

altmodisch
Auf Flohmärkten findet man viele altmodische Sachen.

kapot [kap'ɔt] *(-te, -ter, -st)*
Eerst had ik een lekke band en nu is de motor ook nog **kapot**.

kaputt, zerbrochen
Erst hatte ich einen Platten und jetzt ist der Motor auch noch kaputt.

Im Niederländischen sagt man statt ***kapot*** auch ***stuk***: ***De fles is stuk.*** *(Die Flasche ist zerbrochen.)*

vrij [vrεi] *(-e, -er, -st)* — **frei, Frei...**
Volgende week zijn er daar voor het eerst **vrije** verkiezingen. — Nächste Woche sind dort zum ersten Mal freie Wahlen.

nodig [n'odəχ] *(-e)* — **nötig, notwendig**
Heb je nog **nodig**? Ik loop wel even naar de supermarkt. — Brauchst du noch etwas? Ich gehe mal kurz zum Supermarkt.

PRONOMEN UND ARTIKEL

een, **één** [ən] *unbest. Art.* — **ein(e)**
Er staat **een** schaap in de wei. — Es steht ein Schaf auf der Weide.
Er zit maar **één** vrouw in het bestuur. — Es ist nur eine Frau im Vorstand.

de [də] *best. Art.* — **der, die, das, die** *pl*
De poes sliep op de vensterbank. — Die Katze schlief auf der Fensterbank.
Zodra **de** druiven rijp zijn, kunnen we met de oogst gaan beginnen. — Sobald die Trauben reif sind, können wir mit der Lese beginnen.

het [hεt] *best. Art.* — **das**
Dit is **het** oudste pand in de straat. — Das ist das älteste Gebäude in der Straße.
Het raampje boven de deur staat nog open. — Das kleine Fenster über der Tür ist noch offen.

deze [d'ezə] *Pron.* — **dieser, diese, dies(es)**
Ik vind **deze** fles wijn wel wat duur. — Ich finde diese Flasche Wein schon etwas teuer.
Deze schoenen zijn helemaal versleten. — Diese Schuhe sind völlig abgetragen.

die [di] *Pron.* — **der, die, das, diejenigen**
In **die** jaren zat Geert nog in het buitenland. — In den Jahren wohnte Geert noch im Ausland.
Wil jij **die** lege doos hebben? — Willst du diese leere Schachtel haben?

dit [dɪt] *Pron.* — **dies(es), das**
Dit is mijn boot. — Dies ist mein Boot.
We hebben **dit** jaar al genoeg geld uitgegeven. — Wir haben dieses Jahr bereits genug Geld ausgegeben.

dat [dɑt] *Pron.* — **der, die, das (da)**
Hier is het geld **dat** je me had geleend. — Hier ist das Geld, das du mir geliehen hattest.

wat [wɑt] *Pron.* — **was, welche(r, -s)**
Wat zij zegt is waar. — Was sie sagt, stimmt.
Wat doen jullie vandaag? — Was habt ihr heute vor?
Wat een weertje! — Welch ein Wetter!

wat voor [wɑt vor] — **was für ein(-e, -s)**
Wat voor weer wordt het vandaag? — Was für Wetter wird heute?

welk(e) [w'ɛlkə] *Pron.* — **welche(r, -s), der, die, das**
Welke fiets vind je mooier? — Welches Fahrrad findest du schöner?
De boeken **welke** u wilt hebben, zijn helaas al uitverkocht. — Die Bücher, die Sie haben möchten, sind leider schon vergriffen.

wie [wi] *Pron.* — **wer, wen, wem, der, die, das, welche(r, -s)**
Dat is de man met **wie** ik vanmiddag ruzie had. — Das ist der Mann, mit dem ich heute Nachmittag Streit hatte.
Wie komen er morgen voor jouw verjaardag? — Wer kommt morgen zu deinem Geburtstag?

ⓘ *Die nicht mehr so häufig verwendete Genitivform von **wie** lautet bei weiblichen Personen **wier** (deren) und bei männlichen Personen **wiens** (wessen, dessen).*

ik [ɪk] *Pron.* — **ich**
Ik heet Hans en mijn broer heet Frans. — Ich heiße Hans und mein Bruder heißt Franz.
Wie heeft het glas kapot gemaakt? Dat was **ik**! — Wer hat das Glas zerbrochen? Das war ich!

jij [jɛi] und **je** [jə] *Pron.* — **du, dich, dir, man**
Jij bent natuurlijk altijd van harte welkom. — Du bist natürlich immer herzlich willkommen.
Ik heb **je** gisteren in de dierentuin gezien. — Ich habe dich gestern im Zoo gesehen.
Je zou zeggen dat er storm op komst is. — Man könnte meinen, dass es stürmen wird.

ⓘ ***Jij*** und ***je*** sind Synonyme (2. Pers., als Subject). Als Objekt tritt ***jou*** (dir, dich) an die Stelle von *jij*: *Kan ik jou even spreken? (Kann ich dich mal kurz sprechen?).* ***Je*** findet auch Anwendung als Possessivpronomen: *Heb je je portemonnee ingepakt? (Hast du deinen Geldbeutel eingesteckt?)* oder auch: *Hebben jullie je mutsen op? (Habt ihr eure Mützen auf?)*

hij [hɛi] *Pron.*
Dit is Mark. **Hij** werkt als fotograaf.

er
Das ist Mark. Er arbeitet als Fotograf.

ze [zə] und **zij** [zɛi] *Pron.*
Zij zei dat **ze** alleen maar even naar de juwelier moest.

sie
Sie sagte, dass sie nur zum Juwelier musste.

het [hɛt] *Pron.*
Het kindje huilt. Misschien is **het** gevallen.

es
Das Kind schreit. Vielleicht ist es gestürzt.

we [wə] und **wij** [wɛi] *Pron.*
We/Wij hebben een nieuw huis gekocht.

wir
Wir haben ein neues Haus gekauft.

zij [zɛi] und **ze** [zə] *Pron.*
Wat zijn jouw buren aan het doen? **Zij/Ze** gaan verhuizen.

sie (Pl.)
Was machen deine Nachbarn denn? Sie ziehen um.

men [mɛn, in Belgien auch mən] *Pron.*
Men zegt dat de politicus ernstig ziek is.

man
Man sagt, dass der Politiker ernsthaft krank ist.

jou [jɑu] *Pron. (→ je)*
Ik heb het tegen **jou**!

dir, dich
Ich meine dich!

hem [hɛm] *Pron.Syn.:* 'm
Is Bas op vakantie? Ik heb **hem** al een tijdje niet meer gezien.
Ik heb **hem** mijn jas geleend.
Dat hebben wij/we aan **hem** te danken.

ihn, ihm
Ist Bas in Urlaub? Ich habe ihn schon eine Weile nicht mehr gesehen.
Ich habe ihm meinen Mantel geliehen.
Das haben wir ihm zu verdanken.

haar [har] *Pron. Syn.:* d'r
Het is **haar** verjaardag! Zij mag zeggen wat we eten.

ihr(e), ihre(r, -s), sie
Es ist ihr Geburtstag! Sie darf bestimmen, was wir essen.

Marion heeft **haar** hoedje gisteravond laten liggen. Daar heb je **haar** weer!
Marion hat ihren Hut gestern Abend liegen lassen! Das ist mal wieder typisch für sie!

Roep je Liesje even? Ik heb een cadeautje voor **haar**.
Kannst du Liesje mal eben rufen? Ich habe ein Geschenk für sie.

Ik krijg nog 20 euro van **haar**.
Ich bekomme noch 20 Euro von ihr.

hen [hɛn] *Pron.* — **sie, ihnen**

Ik heb het geld aan **hen** teruggegeven.
Ich habe ihnen das Geld zurückgegeben.

Dit cadeau is voor mijn neefjes. Ik had het **hen** beloofd.
Dies ist ein Geschenk für meine Cousins. Ich hatte es ihnen versprochen.

ons [ɔns] *Pron.* — **uns**

Jan zei tegen **ons** dat hij werkloos was geworden.
Jan sagte uns, er sei arbeitslos geworden.

Wat kan **ons** dat schelen!
Das ist doch uns egal!

mijn [mɛin] *Pron. Syn.:* m'n — **mein(e)**

Mijn fiets is gestolen.
Mein Fahrrad ist gestohlen worden.

jouw [jau] *Pron. Syn.:* je — **dein(e)**

Het is **jouw** hond! Dan moet je ook maar voor hem zorgen.
Es ist dein Hund! Dann musst du ihn auch versorgen.

zijn [zɛin] *Pron.* — **sein, seinem, seinen**

In **zijn** land mogen de vrouwen niet eens stemmen.
In seinem Land dürfen die Frauen nicht mal wählen.

De hond had één bal in **zijn** bek.
Der Hund hatte einen Ball im Maul.

z'n [zən] *Pron.* — **sein, seinem, seinen**

Klaas was in **z'n** hele leven nog niet één dag ziek.
Klaas war in seinem ganzen Leben nicht mal einen Tag krank.

hun [hʏn] *Pron.* — **ihr(e), ihnen**

Hebben zij **hun** huiswerk al klaar?
Haben sie ihre Hausaufgaben schon fertig?

Heb je het **hun** al verteld?
Hast du es ihnen schon erzählt?

ons/onze [ɔns/'ɔnsə] *Pron.* — **unser(e, -s), uns**
In **onze** tuin staat een oude appelboom. — In unserem Garten steht ein alter Apfelbaum.
Onze vrienden hebben **ons** geholpen bij de verhuizing. — Unsere Freunde haben uns beim Umzug geholfen.

mij [mɛi] *Pron.* — **meine(-r, -s), mir**
Dit boek is van **mij**. — Dieses Buch gehört mir. *oder* Dies ist mein Buch.

zichzelf [zɪχs'ɛlf] *Pron.* — **sich (selbst), selbst, selbstständig**
Eveline is voor **zichzelf** begonnen. — Eveline hat sich selbstständig gemacht.
Henk denkt alleen maar aan **zichzelf**. — Henk denkt immer nur an sich.

mij-/mezelf [mɛiz'ɛlf] *Pron.* — **mich (selbst), mir (selbst)**
Ik zie **mij-/mezelf** in de spiegel. — Ich kann mich im Spiegel sehen.

jezelf [jəz'ɛlf] *Pron.* — **dir (selbst), dich (selbst)**
Dat heb je **jezelf** toe te schrijven. — Das hast du dir selbst zuzuschreiben.
Het is beter voor **jezelf** als je nu gaat. — Es ist besser für dich, wenn du jetzt gehst.

hemzelf [hɛmz'ɛlf] *Pron.* — **ihn (selbst), ihm (selbst)**
Voor **hemzelf** zou een nieuwe baan wel heel fijn zijn. — Für ihn würde eine neue Stelle schon ganz schön sein.

haarzelf [harz'ɛlf] *Pron.* — **sich (selbst)**
Maud koopt vaak spullen voor **haarzelf**. — Maud kauft oft Sachen für sich.

onszelf [ɔnsz'ɛlf] *Pron.* — **uns (selbst)**
We vieren Sinterklaas niet voor **onszelf**, maar voor de kinderen. — Wir feiern Nikolaus nicht für uns, sondern für die Kinder.

julliezelf [jʏliz'ɛlf] *Pron.* — **euch (selbst)**
Hebben jullie die cd voor **julliezelf** gekocht of is het een cadeau? — Habt ihr die CD für euch selbst gekauft oder ist es ein Geschenk?

elkaar [ɛlk'ar] *Pron., Syn.:* mekaar — **einander, sich (gegenseitig), schlüssig o. ä.**

De mensen helpen **elkaar** bij de opbouw van hun land. — Die Menschen helfen sich gegenseitig beim Aufbau ihres Landes.

Ik weet niet of het klopt, maar het verhaal zit goed in **elkaar**. — Ich weiß nicht, ob es stimmt, aber die Geschichte ist schlüssig.

sommige(n) [s'ɔməɣə(n)] *Pron.* — **einige, ein paar, manche**

Sommige vrouwen drinken liever een biertje dan wijn. — Manche Frauen trinken lieber Bier als Wein.

Staan die mensen allemaal in de rij? **Sommigen** wel, maar de meesten niet. — Stehen diese Leute alle in einer Schlange? Manche schon, aber die meisten nicht.

*Wenn Pronomen wie **sommige** (manche) sich auf Personen beziehen, die im vorhergehenden Satz stehen, erhält dieses Pronomen ein **n** am Ende. Dies gilt nicht für Sachen oder Tiere oder für Kombinationen dieser Gruppen mit Personen. Siehe auch bei **beide**.*

iemand ['imɑnt] *Pron.* — **jemand, (irgend)einer, (irgend)wer**

Ken jij **iemand** die mijn auto kan repareren? — Kennst du jemanden, der mein Auto reparieren kann?

iets [its] *Pron.* — **etwas, ein bisschen, ein wenig**

Wil jij mij even **iets** suiker in de thee doen? — Kannst du mir ein bisschen Zucker in den Tee tun?

Dat feestje gisteravond was even **iets** te onstuimig. — Die Party gestern Abend war ein wenig zu wild.

(het) niets [(hɛt) nits] *n (o. Pl. und Dim) Pron.* — **das Nichts, nichts**

Uit het **niets** wisten de kinderen prachtige figuren te maken. — Aus dem Nichts gelang es den Kindern wunderschöne Figuren zu machen.

Als het paard op hol slaat, kan **niets** hem meer tegenhouden. — Wenn das Pferd durchgeht, wird es nichts stoppen können.

zoiets [z'oits, zo'its] *Pron.* — **so etwas**

Zoiets stoms! Wie stapt er nu op zijn fiets als het glad is buiten? — So etwas Blödes! Wer steigt schon auf sein Rad, wenn es draußen glatt ist?

alles ['ɑləs] *Pron.*
Als je **alles** bij elkaar optelt, valt het met de schade nog wel mee.

alles
Wenn man alles zusammen zählt, hält sich der Schaden noch in Grenzen.

ieder(e) ['idər(ə)] *Pron., Syn.:* elke
Ieder kind is wel eens ziek.

jede(r, -s), alle
Jedes Kind ist mal krank.

ieders ['idərs] *Pron.*
Het is in **ieders** voordeel als we met elkaar samenwerken.

jedermanns
Es ist im Interesse eines jeden, wenn wir zusammenarbeiten.

elk(e) ['ɛlk(ə)] *Pron., Syn.:* iedere
Nicole droeg aan **elke** vinger een gouden ring.
In de nieuwe winkel was er voor **elk** wel wat wils.

jede(r, -s) einzelne
Nicole trug an jedem Finger einen goldenen Ring.
Im neuen Geschäft gab es für jeden etwas.

iedereen [idər'en] *Pron.*
Mijn buurman kent bijna **iedereen** uit het dorp.

jeder(mann), alle, jeden
Mein Nachbar kennt fast jeden im Dorf.

alle(n) ['ɑlə(n)] *Pron.*
Ik had al mijn vrienden uitgenodigd. En ze zijn **allen** gekomen.
In de winter staan **alle** koeien op stal.

jeder(mann), all(e), sämtliche
Ich hatte all meine Freunde eingeladen. Und sie sind alle gekommen.
Im Winter stehen sämtliche Kühe im Stall.

niemand [n'imɑnt] *Pron.*
Om middernacht is er haast **niemand** meer op straat.

kaum jemand, niemand, keiner
Um Mitternacht ist kaum noch jemand unterwegs.

zo'n [zɔn] *Pron., Adv.*
Bij die bankoverval hebben de bankrovers **zo'n** twee miljoen euro buit gemaakt.
Op **zo'n** mooie zomerdag hebben we lang moeten wachten.

so ein, solche(r, -s), fast
Bei dem Banküberfall haben die Bankräuber fast zwei Millionen Euro erbeutet.
Auf so einen schönen Sommertag haben wir lange warten müssen.

HILFS- UND MODALVERBEN

worden [w'ɔrdə(n)]
De betogers **werden** door de politie verwijderd.
Uw auto **wordt** morgen gerepareerd.

werden
Die Demonstranten wurden von der Polizei entfernt.
Ihr Auto wird morgen repariert werden.

hebben [h'ɛbə(n)]
De kinderen **hebben** hun gebakje nog niet opgegeten.
Zij **heeft** haar mooie collectie munten gewoon weggegeven.
Mijn nichtje **heeft** twee katten en twee honden **gehad**, maar nu zijn ze dood.

haben, besitzen
Die Kinder haben ihr Törtchen noch nicht aufgegessen.
Sie hat ihre schöne Münzsammlung einfach verschenkt.
Meine Cousine hatte zwei Katzen und zwei Hunde, aber jetzt sind sie tot.

zijn [zɛin]
Die kastanjeboom **is** nog door mijn oom geplant.
Waar is Paul naar toe? Hij **is** uitgegaan.
Hoe **is** het met je vrouw?

sein, gehen (Zustand)
Diese Kastanie ist von meinem Onkel gepflanzt worden.
Wo ist Paul hin? Er ist ausgegangen.
Wie geht es deiner Frau?

doen [dun]
Doe Henk maar de groeten, als je hem ziet.
Wat zullen we morgen eens gaan **doen**?
Doet de televisie het nog of is zij stuk?

tun, machen, (ab)geben *(manchmal unübersetzt)*
Richte Henk doch meine Grüße aus, wenn du ihn siehst.
Was sollen wir morgen machen?
Läuft der Fernseher noch oder ist er kaputt?

kunnen [k'ʏnə(n)]
Dat had je beter niet **kunnen** zeggen!
Weet jij, of wij in dit dorp ergens **kunnen** overnachten?

können
Das hättest du besser nicht gesagt!
Weißt du, ob wir in diesem Dorf irgendwo übernachten können?

mogen [m'oɣə(n)]
We **mogen** niet klagen als we dit jaar nog belasting terugkrijgen.
Ik vind haar wel leuk, maar zij **mag** mij niet.
Jullie **mogen** wel opschieten, als jullie de trein van zeven uur nog willen halen.

dürfen, sollen, mögen
Wir dürfen nicht klagen, wenn wir dieses Jahr noch Steuern zurückbekommen.
Ich finde sie ganz nett, aber sie mag mich nicht.
Ihr solltet euch beeilen, wenn ihr den Zug um sieben Uhr noch erreichen wollt.

zullen [z'ʏlə(n)]
We **zullen** wel zien wie er morgen **zal** gaan winnen.
Ze **zouden** om acht uur op het vliegveld zijn.

werden, sollen
Wir werden schon sehen, wer morgen gewinnen wird.
Sie sollten um acht Uhr am Flughafen sein.

willen [w'ɪlə(n)]
Willen we naar huis gaan? Het is al laat.
Wat **willen** jullie hier?
Het **wil** er bij mij niet in dat hij ineens ontslag heeft genomen.

wollen, sollen
(manchmal unübersetzt)
Wollen wir heim gehen? Es ist schon spät.
Was wollt ihr hier?
Ich kann es einfach nicht fassen, dass er plötzlich gekündigt hat.

moeten [m'utə(n)]
Mijn moeder ziet er slecht uit. Ze **moet** er nodig even uit.
Je **moet** de groeten hebben van je ouders.
De kinderen **moeten** om halfacht naar bed.

sollen, müssen, brauchen
Meine Mutter schaut schlecht aus. Sie braucht mal Urlaub.
Ich soll dich von deinen Eltern grüßen.
Die Kinder müssen um halb acht ins Bett.

laten [l'atə(n)]
Jan moet altijd zijn kleine zusje pesten. Hij kan het niet **laten**.
Waar **laten** jullie de hond tijdens de vakantie?

lassen
(manchmal unübersetzt)
Jan muss immer seine kleine Schwester ärgern. Er kann es nicht lassen.
Wo lasst ihr euren Hund während des Urlaubs?

durven [d'ʏrvə(n)]
Mies is bang in het donker. Ze **durft** 's avonds de straat niet meer op.
Je buurman **durft** te beweren dat zijn hond niet bijt.

wagen, sich trauen
Mies hat Angst im Dunkeln. Sie traut sich abends nicht mehr auf die Straße.
Dein Nachbar wagt es zu behaupten, dass sein Hund nicht beißt.

hoeven [h'uvə(n)]
Als je vanavond niet komt, **hoef** je helemaal niet meer te komen.
Je **hoeft** je niet te haasten. We hebben nog tijd genoeg.

müssen, brauchen, notwendig sein
Wenn du heute Abend nicht kommst, brauchst du gar nicht mehr zu kommen.
Du musst dich nicht beeilen. Wir haben noch genug Zeit.

dienen [d'inə(n)] — **dienen, müssen, bedienen, dienlich sein**

Of je nu wilt of niet. Het **dient** meteen te gebeuren! — Ob du nun willst oder nicht. Es muss jetzt sein!

Waar **dient** dit knopje voor? — Wofür dient dieser Knopf?

behoren [bəh'orə(n)] — **gehören, passen, dazugehören**

Deze kopjes **behoren** bij deze schoteltjes. — Diese Tassen gehören zu diesen Untertassen.

gaan [ɣan] — **gehen, fahren, läuten, handeln**

De bel **gaat**! Kun je even opendoen? — Es läutet. Kannst du mal aufmachen?

Dit boek **gaat** over het leven na de dood. — Dieses Buch handelt von dem Leben nach dem Tod.

Hoe **gaat** het met je? Ben je nog steeds ziek? — Wie geht es dir? Bist du immer noch krank?

komen [k'omə(n)] — **kommen, erscheinen, eintreffen, geben**

Mijn ouders **komen** morgen terug van vakantie. — Meine Eltern kommen morgen aus dem Urlaub zurück.

Daar **komen** ongelukken van! — Das gibt doch nur Ärger!

blijven [bl'ɛivə(n)] — **bleiben**

Blijf toch nog even. Het is toch zo gezellig. — Bleib doch noch. Es ist doch so gemütlich.

zitten [z'ɪtə(n)] — **sitzen** *(manchmal unübersetzt)*

Wat **zit** je sip te kijken. Voel je je niet lekker? — Warum schaust du so traurig. Geht es dir nicht gut?

We hebben twee uur op jou **zitten** wachten. — Wir haben zwei Stunden auf dich gewartet.

Ga er toch even bij **zitten**! — Setz dich doch kurz!

liggen [l'ɪɣə(n)] — **liegen, lagern** *(manchmal unübersetzt)*

Er **ligt** een brief voor je op tafel. — Es liegt ein Brief für dich auf dem Tisch.

Ik heb me flink **liggen** ergeren over mijn collega. — Ich habe mich ganz schön über meinen Kollegen geärgert.

staan [stan] — **stehen** *(manchmal unübersetzt)*

De kinderen **staan** al te trappelen. Zullen we ze maar binnenlaten? — Die Kinder zappeln schon vor Ungeduld. Wollen wir sie hereinlassen?

Het boek **staat** op de bovenste plank. — Das Buch steht auf dem obersten Brett.

lopen [l'opə(n)]
gehen, laufen, fahren
(manchmal unübersetzt)

Wat **loop** jij hier te doen? Moet jij niet op school zijn?
Was machst du denn hier? Solltest du nicht in der Schule sein?

Onze rekening **loopt** als sinds jaren bij de ABC-bank.
Wir haben schon seit Jahren ein Konto bei der ABC-Bank.

Je nieuwe auto **loopt** lekker.
Dein neues Auto fährt gut.

hangen [h'ɑŋə(n)]
hängen
(manchmal unübersetzt)

Mijn jas **hangt** aan de kapstok.
Mein Mantel hängt an der Garderobe.

Ik heb de bui al zien **hangen**.
Ich habe das Unheil schon kommen sehen.

WEITERE PRÄPOSITIONEN, KONJUNKTIONEN UND ADVERBIEN

en [ɛn] *Konj.*
und

Gisteren hebben we Joop **en** Janneke in de stad ontmoet.
Gestern haben wir Joop und Janneke in der Stadt getroffen.

of [ɔf] *Konj.*
oder, ob, als

Ga je nu met ons mee naar het concert **of** blijf je liever thuis voor de buis?
Gehst du jetzt mit uns ins Konzert oder bleibst du lieber zu Hause vor dem Fernseher?

En **of**!
Und ob!

Ik vraag me wel eens af, **of** hij wel helemaal bij z'n verstand is.
Ich frage mich manchmal, ob er wirklich ganz bei Trost ist.

maar [mar] *Adv., Konj.*
aber, sondern, jedoch, nur, dagegen

We hebben nog **maar** twee dagen (de) tijd om ons werk af te krijgen.
Wir haben nur noch zwei Tage Zeit, um unsere Arbeit fertig zu stellen.

Nee **maar**!
Aber nein!

Klein, **maar** fijn.
Klein, aber fein.

met [mɛt] *Präp.* — **mit, von, zu**

Wilt u de frieten **met** of zonder mayonaise? — Mögen Sie Ihre Pommes mit oder ohne Mayonnaise?

Volleyball speel je **met** z'n zessen. — Volleyball spielt man zu sechst.

De mooiste meubels worden nog altijd **met** de hand gemaakt. — Die schönsten Möbel werden noch immer von Hand gemacht.

zonder [z'ɔndər] *Präp.* — **ohne**

Zonder meer! — Ohne weiteres!

Hij gaat **zonder** jas de deur uit. — Er geht ohne Jacke aus dem Haus!

als [als] *Präp., Konj.* — **als, wie, (genau)so**

Hij is best een aardige vent. Maar **als** collega is hij niet te harden. — Er ist bestimmt ein netter Kerl. Aber als Kollege ist er unausstehlich.

We gaan **als** altijd 's avonds op tijd naar bed. — Wir gehen wie immer abends zeitig ins Bett.

Hij is net **als** zijn vader. — Er ist genauso wie sein Vater.

tussen [t'ʏsə(n)] *Adv. ,Präp.* — **(da)zwischen, in**

Wat is het verschil **tussen** deze klok en de andere? — Was ist der Unterschied zwischen dieser Uhr und der anderen?

Gisteren heb ik mijn vinger **tussen** de deur gekregen. — Gestern habe ich einen Finger in der Tür eingeklemmt.

Als Hans begint te praten, krijg je er geen woord meer **tussen**. — Wenn Hans anfängt zu reden, kommt man nicht mehr dazwischen.

van ... tot [vɑn...tɔt] *Präp.* — **von ... bis**

Ik werk meestal **van** negen **tot** vijf. — Ich arbeite meistens von 9 bis 5.

volgens [v'ɔlɣə(n)s] *Präp.* — **nach ..., ... zufolge, laut**

Volgens mij staat de auto nog in de garage. — Meiner Meinung nach steht das Auto noch in der Garage.

Volgens de politie was de bankrover geen buitenlander. — Nach Aussage der Polizei war der Bankräuber kein Ausländer.

omstreeks ['ɔmstreks] *Präp.* — **um, etwa**

Omstreeks een jaar geleden woonden we nog in Heerlen. — Vor etwa einem Jahr wohnten wir noch in Heerlen.

dat [dat] *Konj.* — **dass**
Hij zei **dat** hij nog nooit heeft gerookt. — Er sagte, dass er noch nie geraucht habe.

indien [ɪnd'in] *Konj.* — **wenn, falls**
Indien mocht blijken dat hij het niet heeft gedaan, zal ik mijn excuses gaan aanbieden. — Falls sich herausstellt, dass er es nicht war, werde ich mich entschuldigen.

meer [mer] *Adv.* — **mehr**
Dat is toch min of **meer** hetzelfde. — Das ist ja mehr oder weniger das Gleiche.

over ['ovər] *Adv., Präp.* — **über, von** *(Thema)*, **ungefähr, etwa, genug, weiter**
Mijn zoontje is al **over**. — Mein Sohn ist bereits eine Stufe weiter.
Ik heb redenen te **over** om niet mee te gaan. — Ich habe mehr als genug Gründe, nicht mitzugehen.
We kunnen wel even **over** de markt lopen. — Wir können mal kurz über den Markt gehen.

van [vɑn] *Adv., Präp.* — **davon, von, aus** *(manchmal unübersetzt)*
Hij heeft er geen benul **van**. — Er hat davon keine Ahnung.
Ik heb er nu echt schoon genoeg **van!** — Ich habe jetzt endlich genug davon!
Deze sokken zijn **van** mij. — Diese Socken sind von mir.
Zijn jouw buren verhuisd? Het lijkt **van** wel. — Sind deine Nachbarn umgezogen? Es sieht so aus.

Unregelmäßige Verben
Übersicht über die Stammformen

Wenn zwei Formen möglich sind, wird die üblichste Form zuerst genannt.

Infinitiv	Präteritum	Perfekt	
bakken	**bakte**	**gebakken**	backen
bannen	**bande**	**gebannen**	(ver)bannen
barsten	**barstte**	**gebarsten**	bersten, zerplatzen
bederven	**bedierf**	**bedorven**	verderben
bedriegen	**bedroog**	**bedrogen**	betrügen
beginnen	**begon**	**begonnen**	beginnen
bergen	**borg**	**geborgen**	bergen, (auf)bewahren
bevelen	**beval**	**bevolen**	befehlen
bezwijken	**bezweek**	**bezweken**	zusammenbrechen, erliegen
bidden	**bad**	**gebeden**	beten
bieden	**bood**	**geboden**	bieten
bijten	**beet**	**gebeten**	beißen
binden	**bond**	**gebonden**	binden
blazen	**blies**	**geblazen**	blasen
blijken	**bleek**	**gebleken**	sich zeigen, sich erweisen
blijven	**bleef**	**gebleven**	bleiben
blinken	**blonk**	**geblonken**	blinken, glänzen
braden	**braadde**	**gebraden**	braten
breken	**brak**	**gebroken**	(zer)brechen
brengen	**bracht**	**gebracht**	bringen
brouwen	**brouwde**	**gebrouwen**	brauen
buigen	**boog**	**gebogen**	(ver)beugen, (ab)biegen
delven	**dolf/delfde**	**gedolven**	graben, fördern, ausheben
denken	**dacht**	**gedacht**	denken
dingen	**dong**	**gedongen**	wetteifern, (sich) (be)werben um
doen	**deed**	**gedaan**	tun, machen
dragen	**droeg**	**gedragen**	tragen
drijven	**dreef**	**gedreven**	treiben
dringen	**drong**	**gedrongen**	dringen, (sich) drängen, drängeln
drinken	**dronk**	**gedronken**	trinken
druipen	**droop**	**gedropen**	triefen, tropfen

duiken	**dook**	**gedoken**	tauchen
dunken	**docht/dacht**	**gedocht**	meinen, halten
durven	**durfde/dorst**	**gedurfd**	wagen, sich trauen
dwingen	**dwong**	**gedwongen**	zwingen, zwängen, nötigen
eten	**at**	**gegeten**	essen
fluiten	**floot**	**gefloten**	pfeifen
gaan	**ging**	**gegaan**	gehen
gelden	**gold**	**gegolden**	gelten
genezen	**genas**	**genezen**	genesen
genieten	**genoot**	**genoten**	genießen
geven	**gaf**	**gegeven**	geben
gieten	**goot**	**gegoten**	gießen
glijden	**gleed**	**gegleden**	schlittern, ausgleiten, rutschen
glimmen	**glom**	**geglommen**	glänzen, leuchten
graven	**groef**	**gegraven**	graben, ausheben
grijpen	**greep**	**gegrepen**	greifen
hangen	**hing**	**gehangen**	hängen
hebben	**had**	**gehad**	haben
heffen	**hief**	**geheven**	heben, kassieren
helpen	**hielp**	**geholpen**	helfen
heten	**heette**	**geheten**	heißen
hijsen	**hees**	**gehesen**	hochziehen, hochhieven
houden	**hield**	**gehouden**	(be)halten
houwen	**hieuw**	**gehouwen**	hauen, fällen, hacken
jagen	**jaagde/joeg**	**gejaagd**	jagen, antreiben
kerven	**kerfde/korf**	**gekerfd**	(ein)kerben, einschnitzen
kiezen	**koos**	**gekozen**	wählen, sich entscheiden
kijken	**keek**	**gekeken**	(nach)sehen, (nach)schauen
kijven	**keef**	**gekeven**	keifen, zetern
klimmen	**klom**	**geklommen**	(an)steigen, klettern, aufsteigen
klinken	**klonk**	**geklonken**	klingen, ertönen
kluiven	**kloof**	**gekloven**	nagen (an), kauen (an)
knijpen	**kneep**	**geknepen**	kneifen
komen	**kwam**	**gekomen**	kommen
kopen	**kocht**	**gekocht**	kaufen

krijgen	**kreeg**	**gekregen**	kriegen, bekommen
krijsen	**krijste/krees**	**gekreten**	kreischen, gellen
krimpen	**kromp**	**gekrompen**	(zusammen)-schrumpfen, schwinden
kruipen	**kroop**	**gekropen**	krabbeln, kriechen
kunnen	**kon**	**gekund**	können
kwijten	**kweet**	**gekweten**	sich entledigen
lachen	**lachte**	**gelachen**	lachen
laden	**laadde**	**geladen**	laden
laten	**liet**	**gelaten**	lassen
leggen	**legde/lei**	**gelegd**	legen
lezen	**las**	**gelezen**	lesen
liegen	**loog**	**gelogen**	lügen
liggen	**lag**	**gelegen**	liegen
lijden	**leed**	**geleden**	leiden
lijken	**leek**	**geleken**	gleichen, ähneln, scheinen
lopen	**liep**	**gelopen**	laufen, gehen
malen	**maalde**	**gemalen**	mahlen, quengeln
melken	**molk/melkte**	**gemolken**	melken
mijden	**meed**	**gemeden**	meiden, ausweichen
moeten	**moest**	**gemoeten**	müssen, sollen
mogen	**mocht**	**gemogen**	dürfen, mögen, können
nemen	**nam**	**genomen**	nehmen
nijgen	**neeg**	**genegen**	sich verbeugen, sich neigen
nijpen	**neep**	**genepen**	kneifen, drücken
ontginnen	**ontgon**	**ontgonnen**	kultivieren, abbauen (ausbeuten)
plegen	**placht/pleegde**	**gepleegd**	pflegen, begehen, tun
pluizen	**ploos/pluisde**	**gepluisd**	fusseln
prijzen	**prees**	**geprezen**	loben, rühmen
	prijsde	**geprijsd**	auszeichnen
raden	**raadde**	**geraden**	raten
	raadde/ried	**geraden**	(be)raten
rieken	**rook**	**geroken**	riechen
rijden	**reed**	**gereden**	fahren
rijgen	**reeg**	**geregen**	auffädeln, schnüren
rijten	**reet**	**gereten**	reißen
roepen	**riep**	**geroepen**	rufen
ruiken	**rook**	**geroken**	riechen

scheiden	**scheidde**	**gescheiden**	trennen, auflösen
schenden	**schond**	**geschonden**	verletzen, beschädigen
schenken	**schonk**	**geschonken**	schenken
scheppen	**schiep**	**geschapen**	schaffen
	schepte	**geschept**	schippen, schöpfen
scheren	**schoor**	**geschoren**	rasieren
	scheerde	**gescheerd**	scheren
schieten	**schoot**	**geschoten**	schießen
schijnen	**scheen**	**geschenen**	scheinen
schrijven	**schreef**	**geschreven**	schreiben
schrikken	**schrok**	**geschrokken**	erschrecken
	schrikte	**geschrikt**	abschrecken
schuilen	**school**	**gescholen**	sich verbergen
	schuilde	**geschuild**	sich unterstellen
schuiven	**schoof**	**geschoven**	schieben
slaan	**sloeg**	**geslagen**	schlagen
slapen	**sliep**	**geslapen**	schlafen
slijpen	**sleep**	**geslepen**	schleifen
slijten	**sleet**	**gesleten**	abnutzen, verschleißen, verkaufen
slinken	**slonk**	**geslonken**	schwinden, abnehmen
sluipen	**sloop**	**geslopen**	schleichen
sluiten	**sloot**	**gesloten**	(sich) schließen
smelten	**smolt**	**gesmolten**	schmelzen, schrumpfen
smijten	**smeet**	**gesmeten**	schmeißen, werfen
snijden	**sneed**	**gesneden**	schneiden
snuiten	**snoot**	**gesnoten**	schnäuzen
snuiven	**snoof**	**gesnoven**	schnauben, schnaufen
spannen	**spande**	**gespannen**	(an)spannen
spijten	**speet**	**gespeten**	Leid tun, bedauern
spinnen	**spon**	**gesponnen**	spinnen
splijten	**spleet**	**gespleten**	(sich) spalten
spreken	**sprak**	**gesproken**	sprechen
springen	**sprong**	**gesprongen**	springen
spruiten	**sproot**	**gesproten**	sprießen, entstehen, ausschlagen
spugen	**spuugde/ spoog**	**gespuugd/ gespogen**	spucken, brechen
spuiten	**spoot**	**gespoten**	spritzen

staan	**stond**	**gestaan**	stehen
steken	**stak**	**gestoken**	stechen
stelen	**stal**	**gestolen**	stehlen
sterven	**stierf**	**gestorven**	sterben
stijgen	**steeg**	**gestegen**	(an)steigen
stijven	**steef**	**gesteven**	bestärken
	stijfde	**gestijfd**	stärken
stinken	**stonk**	**gestonken**	stinken
stoten	**stootte/stiet**	**gestoten**	stoßen
strijden	**streed**	**gestreden**	streiten
strijken	**streek**	**gestreken**	streichen, bügeln
stuiven	**stoof**	**gestoven**	stäuben, Staub aufwirbeln
treden	**trad**	**getreden**	treten
treffen	**trof**	**getroffen**	treffen
trekken	**trok**	**getrokken**	ziehen
vallen	**viel**	**gevallen**	fallen, stürzen
vangen	**ving**	**gevangen**	fangen
varen	**voer**	**gevaren**	fahren
vechten	**vocht**	**gevochten**	fechten, kämpfen
verdrieten	**verdroot**	**verdroten**	bekümmern
verdwijnen	**verdween**	**verdwenen**	verschwinden
vergeten	**vergat**	**vergeten**	vergessen
verliezen	**verloor**	**verloren**	verlieren
verslinden	**verslond**	**verslonden**	verschlingen
vinden	**vond**	**gevonden**	finden
vlechten	**vlocht**	**gevlochten**	flechten
vliegen	**vloog**	**gevlogen**	fliegen
vouwen	**vouwde**	**gevouwen**	(sich)falten
vragen	**vroeg**	**gevraagd**	fragen
vreten	**vrat**	**gevreten**	fressen
vriezen	**vroor**	**gevroren**	frieren
waaien	**waaide/woei**	**gewaaid**	wehen, blasen
wassen	**wies**	**gewassen**	wachsen
	waste/wies	**gewassen**	säubern
wegen	**woog**	**gewogen**	wiegen
werpen	**wierp**	**geworpen**	werfen, schmeißen
werven	**wierf**	**geworven**	(an)werben
weten	**wist**	**geweten**	wissen
wezen	**was**	**geweest**	sein
wijken	**week**	**geweken**	weichen
wijten	**weet**	**geweten**	zuschreiben
wijzen	**wees**	**gewezen**	hinweisen, zeigen
willen	**wilde/wou**	**gewild**	wollen
winden	**wond**	**gewonden**	wickeln, winden
winnen	**won**	**gewonnen**	gewinnen
worden	**werd**	**geworden**	werden

wreken	**wreekte**	**gewroken**	rächen
wrijven	**wreef**	**gewreven**	reiben
wringen	**wrong**	**gewrongen**	winden, ringen
zeggen	**zei/zegde**	**gezegd**	sagen
zenden	**zond**	**gezonden**	senden
zieden	**ziedde**	**gezoden**	sieden
zien	**zag**	**gezien**	sehen
zijn	**was**	**geweest**	sein
zingen	**zong**	**gezongen**	singen
zinken	**zonk**	**gezonken**	sinken
zinnen	**zon**	**gezonnen**	sinnen
	zinde	**gezind**	zusagen
zitten	**zat**	**gezeten**	sitzen
zoeken	**zocht**	**gezocht**	suchen
zouten	**zoutte**	**gezouten**	salzen
zuigen	**zoog**	**gezogen**	säugen, saugen
zuipen	**zoop**	**gezopen**	saufen
zullen	**zou**	–	sollen
zwelgen	**zwolg**	**gezwolgen**	schwelgen
zwellen	**zwol**	**gezwollen**	(an)schwellen
zwemmen	**zwom**	**gezwommen**	schwimmen
zweren	**zwoer**	**gezworen**	schwören
	zwoor/zweerde	**gezworen**	schwären
zwijgen	**zweeg**	**gezwegen**	schweigen

Register

I

J